Ella Fonjakova · Das Brot jener Jahre

Ella Fonjakova

Das Brot jener Jahre

Ein Kind erlebt die Leningrader Blockade

Aus dem Russischen von Sophia Klöpzig
Einleitung von Heidelore Kluge

MAYER

Ella Fonjakova, 1934 in Leningrad geboren, wuchs in einer Künstlerfamilie auf. Die Mutter war Musikwissenschaftlerin am Institut für Theater und Musik, der Vater Rezitator und Schauspieler. Sie und ihre Familie überlebten die 900 Tage der Leningrader Blockade. Später wurden die Eindrücke und Tagebuchaufzeichnungen dieser Zeit zur Grundlage der vorliegenden Erzählung. Nach dem Studium der Journalistik an der Leningrader Universität lebte und arbeitete die Autorin viele Jahre gemeinsam mit ihrem Mann in Novosibirsk – dem Zentrum Westsibiriens. Sie veröffentlichte Beiträge, Rezensionen, Essays, Erzählungen und Theaterstücke, die immer wieder aufgeführt bzw. gesendet wurden. Seit 1974 lebt sie wieder in ihrer Heimatstadt, dem heutigen St. Petersburg. Die Autorin, die auch als Malerin arbeitet, hat ihre Arbeiten in über 30 Ausstellungen in Rußland und im Ausland vorgestellt.

Heidelore Kluge, geboren 1949, freie Journalistin und Autorin, über 30 Buchveröffentlichungen (Biographien, Ratgeber, Erzählungen); verschiedene Literaturpreise und Stipendien. 1992–96 Studium Kulturgeschichte Osteuropa.

Sophia Klöpzig, geboren 1967, Studium Russistik und Germanistik an der Universität Wien. Seit 1987 als freie Übersetzerin tätig. 1996–99 Lektorin des Deutschen Akademischen Austauschdienstes an der Universität für Weltsprachen in Almaty/Kasachstan. Forschungs- und Lehrtätigkeit am Germanistik-Institut der TU Dresden. Seit 2000 Referentin für Lehrerfortbildung am Goethe-Institut.

Die Deutsche Bibliothek – CIP Einheitsaufnahme

Ella Fonjakova:
Das Brot jener Jahre : ein Kind erlebt die Leningrader Blockade /
Ella Fonjakova. Aus dem Russ. von Sophia Klöpzig. Hrsg. und mit einer
Einl. vers. von Heidelore Kluge. – Stuttgart : Mayer, 2000
ISBN 3-932386-31-0

ISBN 3-932386-31-0

Umschlag: Torsten Lemme, Berlin
Satz und Druck: Freiburger Graphische Betriebe, Freiburg

Inhalt

NEUNHUNDERT TAGE LENINGRADER BLOCKADE

oder

DIE SIEBTE SINFONIE

Heidelore Kluge

1.

Am 1. September 1941 spricht der russische Komponist Dimitri Schostakowitsch im Leningrader Radio und berichtet, daß er den zweiten Teil seiner neuen großen Sinfonie, der 7., beendet habe. Er fährt fort: »Warum ich Ihnen dies erzähle? Ich erzähle Ihnen dies, damit alle Leningrader, die mir jetzt zuhören, wissen, daß das Leben in unserer Stadt normal weitergeht. Wir alle tragen nun die Last des Krieges.«

Dieses Sendemanuskript ist uns erhalten geblieben. Drehen wir es um, finden wir auf der Rückseite Notizen ganz anderer Art, die sich der damalige Studioleiter von Radio Leningrad gemacht hat, beispielsweise:

– Barrikadenbau
– Kampf mit Molotow-Cocktails
– Verteidigung der Häuser ...

Denn Leningrad ist seit dem 21. Juli 1941 von deutschen Truppen der Heeresgruppe Nord eingeschlossen, wird bombardiert, steht unter Beschuß.

2.

»Das Leben in unserer Stadt geht normal weiter«, hat Schostakowitsch gesagt. »Normalno« ist die Standard-Antwort, die man in Rußland bekommt, wenn man jemanden fragt, wie es ihm so geht. »Normalno« – das war während der kommunistischen Ära die Zeit der Defizite, der behördlichen Willkür. »Normalno« – das ist heute der Stromausfall, die Rationierung von Wasser, das oft nur morgens und abends für je drei Stunden läuft, das Ausbleiben der Lohn- und Rentenzahlungen, die Teuerung, die Mafia. Für die Russen gehören solche »kleinen« Katastrophen zum Alltag. Aber die Jahre 1941/42 waren für Leningrad nicht normal. Sie waren die schwersten und tragischsten, die die Menschen dieser Stadt je erleiden mußten. Wie ein Kind diese Zeit erlebt hat, können wir in Ella Fonjakovas Buch nachlesen.

3.

Heute – nach der Perestroika – heißt diese Stadt wieder St. Petersburg, wird aber wie in den Jahren seit ihrer Gründung von den Einwohnern immer noch liebevoll »Piter« genannt – nach ihrem ursprünglichen niederländischen Namen. Denn Zar Peter der Große wollte Rußland mit der Gründung dieser Stadt ein »Fenster zum Westen« öffnen. Er reiste und lernte in Westeuropa – beispielsweise in den Niederlanden. Die komische Oper »Zar und Zimmermann« von Albert Lortzing hat diese Reise einem breiten Publikum zugänglich gemacht.

Als ich das erste Mal nach St. Petersburg kam, war es Sommer, die Zeit der »Weißen Nächte«, in denen es nicht dunkel wird. Die Architektur und die Großzügigkeit der Straßenanlagen beeindruckten mich. Ich war berauscht von der Schönheit dieser Stadt. Aber ich sah auch, wie Umwelteinflüsse und Geldmangel die dringend nötigen Restaurationsarbeiten behindern. Das nächste Mal erlebte ich die Stadt im Winter. Es war kalt, regnerisch, und man versank bis zu den Knöcheln im Matsch. Aber die Geschäfte am Newski Prospekt trugen Schilder wie »Armani« oder »Dior« und waren hell erleuchtet. Geschäfte, die außerhalb meiner finanziellen Reichweite lagen – und außerhalb der Reichweite der meisten Menschen in St. Petersburg. Trotzdem gab es zahlreiche Kunden: die »neuen Russen«, die Menschen, die die schnellen Geschäfte machten.

4.

St. Petersburg ist mitten ins Sumpfland gebaut. Wer jemals im Sommer dorthin reist, weiß von schlaflosen Nächten zu berichten – nicht deswegen, weil es kaum dunkel wird, sondern wegen der Myriaden von Mücken.

1700 begann der sogenannte Nordische Krieg zwischen Rußland und Schweden, in dem Zar Peter der Große versuchte, den Zugang zur Ostsee zurückzugewinnen. Dies gelang ihm 1702 mit der Rückeroberung der Festung Nöteborg am Austritt der Newa aus dem Ladoga-See, die er in Schlüsselburg umbenannte.

1703 wurde an der breitesten Stelle der Newa-Mündung auf einer kleinen Insel eine Festung (Peter- und Pauls-Festung) gebaut, die später den Namen Sankt-Piter-Burch erhielt. Rund um diese Insel entstand – inmitten von Wäldern und Sümpfen – die Stadt St. Petersburg. Zehntausende von Soldaten, leibeigenen Bauern und Handwerkern wurden dorthin geschickt und bauten Straßen, Paläste, den Hafen, die Werften und die Werkstätten. Die unmenschlich harten Arbeitsbedingungen und das ungünstige Klima führten dazu, daß Tausende von ihnen elend starben.

Das politische und kulturelle Zentrum Rußlands verlagerte sich von Moskau nach St. Petersburg. Aber die Nachfolger Peters des Großen waren weniger an der neuen, »westlichen« Metropole interessiert. Erst Peters Tochter Elisabeth und danach Katharina die Große setzten seine Arbeit und seine Intentionen fort.

St. Petersburg wurde schon bald zur Wiege von Revolutionen und Umsturzversuchen. 1879 wird die Organisation »Narodnaja volja« (Wille des Volkes) gegründet. Attentate auf Zar und Obrigkeit werden verübt – 1881 wird Zar Alexander II. ermordet. Anfang der 90er Jahre des 19. Jahrhunderts formieren sich die anarchistischen und revolutionären Kräfte unter der Führung Lenins zu einer einzigen großen Bewegung. Aufstände und Streiks häufen sich, bei denen viele Menschen ums Leben kommen – besonders in der Zeit von 1905–1907, die als die erste Bürgerliche Revolution in die Geschichte Rußlands eingeht. Während der zweiten Bürgerlichen Revolution Anfang 1917 verzichtet Zar Nikolaus II. auf den Thron. Lenin kehrt aus seinem Schweizer Exil zurück, um die bürgerliche in eine proletarische Revolution umzuwandeln, was ihm allerdings erst Monate später nach einem bewaffneten Aufstand – der Großen Sozialistischen Revolution beziehungsweise Oktoberrevolution – gelingt.

Im März 1918 verläßt die Regierung die Stadt und verlegt ihren Sitz nach Moskau zurück. St. Petersburg, das seit Beginn des Ersten Weltkrieges Petrograd heißt, wird 1924 nach dem Tod Lenins in Leningrad umbenannt.

5.

Ist Leningrad – die zweitgrößte Stadt der Sowjet-Union, die zwischen den beiden Weltkriegen in ihrer wissenschaftlichen, kulturellen und industriellen Entwicklung einen raschen Aufschwung nimmt – damit zur »unwichtigen Stadt« geworden? Betrachtet man die Ereignisse des Zweiten Weltkrieges, die zur Leningrader Blockade führten, ist man fast versucht, dies zu glauben.

Denn einerseits hätte Stalin wahrscheinlich Leningrad geopfert: Obwohl viele kriegswichtige Güter dort hergestellt wurden, obwohl es eine direkte Verbindung zur Ostsee darstellte, gab es zunächst kaum Nachschub an Menschen und Material von der Moskauer Regierung, um Leningrad aus dem Umklammerungsring der Deutschen zu befreien. Waren es bürokratische Hindernisse – oder war diese Stadt immer noch so ungeliebt als Konkurrentin des »russischen« Moskau?

Andererseits ist es schwierig, die deutsche Kriegsführung zu bewerten. Zunächst sahen die Angriffe auf Leningrad nach einem leichten Sieg aus. Aber als der Durchhaltewillen der Menschen dort nicht erlahmte, kam die Natur den Eingeschlossenen zu Hilfe: die Deutschen erlebten ein ähnliches Fiasko wie schon Napoleons Truppen vor ihnen. Sumpf und Regen, Schnee und Eis überraschten das deutsche Heer, zwangen es zu einem Stellungskrieg. Aber auch für Hitler war Leningrad nicht von so großer Bedeutung, daß er seine dort eingesetzten Truppen adäquat unterstützt hätte, es wurde für ihn zum »Nebenkriegsschauplatz«. Hitlers Ziel war Moskau. Neben dem Überlebenswillen der Einwohner war dies letztlich die »Rettung« Leningrads.

6.

Woran liegt es, daß es so wenig bekannte und allgemein zugängliche Literatur über die Ereignisse der Leningrader Blockade gibt? Warum ist dieser Begriff kaum einem Menschen im Westen geläufig? Während der 900 Tage dauernden Belagerung starben in Leningrad mehr Menschen als je zuvor in einer modernen Stadt. Schätzungsweise waren es mehr als zehnmal so viel wie nach dem Atombombenabwurf über Hiroshima.

In Deutschland mag noch immer das Unverständnis der damals beteiligten Soldaten darüber vorherrschen, warum sie keine Unterstützung bekamen und gewissermaßen um einen Sieg betrogen wurden, einen »ungeordneten Rückzug« antreten mußten. Hasso G. Stachow sagt dazu in einem Interview: »Die Eroberung war geplant, wurde aber nie versucht. Hitler hakte nämlich das Thema Leningrad als erledigt ab und strebte nun nach Moskau, in die Ukraine, zum Kaukasus. So kam es, daß nicht nur die Leningrader ein Fiasko erlebten, weil sie sich von Stalin im Stich gelassen sahen. Die deutschen Soldaten erlebten ein Fiasko anderer Art. Ihnen blieb nach den opfervollen Strapazen des Vormarsches auf – wie es ihnen schien – rätselhafte Weise der Erfolg versagt.«

Um die Hintergründe zu beleuchten, schrieb er, der als junger Soldat die Belagerung teilweise miterlebte, sein Buch »Fiasko an der Newa«.

Aus amerikanischer Sicht hat der Journalist und langjährige Rußlandkorrespondent Harrison E. Salisbury sein Buch »900 Tage – Die Belagerung von Leningrad« geschrieben, in dem er zahlreiche russische offizielle Quellen und Augenzeugenberichte verwendet. Im Epilog zu diesem Buch berichtet er, daß nach dem Krieg »die Besten« in Leningrad erschossen, verbannt und mundtot gemacht wurden. Zudem sei Leningrad nach Moskau, Kiew, Odessa und anderen Städten die letzte große sowjetische Stadt gewesen, die restauriert wurde.

Dazu noch einmal Hasso G. Stachow: »Stalin versagte den Toten der sowjetischen 2. Stoßarmee würdige Bestattung und ehrenvollen Nachruf. Sie seien nicht tapfer genug gestorben und hätten den deutschen Würgegriff um Leningrad nicht aufbrechen können.«

Auch in den Biografien mancher Leningrader Künstler findet man authentische Belege über die Leningrader Blockade, beispielsweise in der Autobiographie der Sängerin Galina Wischnewskaja (die man auch die russische Callas nannte). Aber eine allgemein zugängliche Schilderung der Ereignisse fehlt. Deshalb sind die Kindheitserinnerungen Ella Fonjakovas von so großer Bedeutung: Hier berichtet eine Betroffene, wie sie die Belagerung erfahren hat.

7.

Wie begann es?

Seit dem 16.06.1941 gibt es deutsche Aufklärungsflüge über Leningrad. Am 20. 06. 1941 werden sechs sowjetische Frachter in Danzig durch die Deutschen festgehalten. Daraufhin werden Leningrads Seestreitkräfte in Alarmbereitschaft versetzt. Am 22. 06. werden Kiew, Minsk, Sewastopol und Murmansk bombardiert. Am 22. 06. überqueren deutsche Truppen und Panzer die sowjetische Grenze. Rußland befindet sich im Kriegszustand.

Schon während der ersten Kriegstage schicken Tausende von Eltern ihre Kinder aufs Land – oft in Sommerlager, die genau in der Stoßlinie der deutschen Truppen liegen. Die Leningrader Behörden beschließen zudem, 392000 Kinder aus der Stadt zu evakuieren. Als die deutschen Truppen auf Leningrad zu marschieren, können viele von ihnen »zurückevakuiert« werden. Aber viele Tausende fallen in deutsche Hände. Was aus ihnen wurde, ist unbekannt.

Bereits am ersten Kriegstag werden in Leningrad Feuerwachen eingerichtet, die beispielsweise Brandbomben entschärfen – wie es ja auch Ella Fonjakowa in ihrem Buch schildert. Die Rüstungsproduktion wird verstärkt, reicht aber bei weitem nicht aus, um den kriegsbedingten Bedarf an Minen, Panzern und ähnlicher Ausrüstung zu decken. Moskau lehnt jegliche Unterstützung ab mit der Begründung, es gäbe wichtigere Fronten, für die aus Leningrad Munition geliefert werden mußte.

8.

Die ersten Kriegswochen verlaufen relativ ruhig. Gelegentlich gibt es Luftalarm, aber es fallen keine Bomben. Die Leningrader Zivilbevölkerung wird herangezogen, die Befestigungsarbeiten zu unterstützen – beispielsweise beim Ausheben von Gräben und beim Bau von Unterständen. Veranschlagt werden acht Stunden am Tag für Arbeitslose, drei Stunden für Fabrikarbeiter (zusätzlich zu ihrer regulären 11-Stunden-Schicht). Aber die meisten Menschen arbeiten – je nach Kräften – 14, 16 und mehr Stunden lang. Alle zivilen Baumaßnahmen werden gestoppt und Arbeiter und Ausrüstung statt dessen an die Befestigungen geschickt.

9.

Am 30. Juli 1941 erfolgt ein Aufruf für die Bildung einer Freiwilligen Volksarmee. Eine Woche später haben sich bereits 160000 Leningrader gemeldet, darunter 32000 Frauen.

Auch der Komponist Dimitri Schostakowitsch meldet sich freiwillig, wird jedoch für die Armee nicht angenommen, sondern dem Luftschutz zugewiesen.

Die Ausbildung dieser Freiwilligen-Armee ist mehr als unzureichend, denn die Offiziere sind meistens kaum besser ausgebildet als die Freiwilligen. Auch die regulären Truppen sind unvorbereitet, denn ihre Ausrüstung und Ausbildung entspricht Friedensbedingungen. Unzureichend sind zum Teil auch die Befestigungsarbeiten, vor allem an der »Luga-Linie«, die südwestlich von Leningrad über 200 km verläuft. Der Fluß Luga – zwischen 40 bis 60 m breit – hat zum Teil sumpfige Ufer, nur manche Stellen sind für Motorfahrzeuge geeignet. Hier werden Minenfelder, Panzerstellungen und befestigte Gewehrstellungen angelegt. Aber die leichten russischen Minen explodieren zwar unter den deutschen Panzern, können die schweren Fahrzeuge jedoch nicht zerstören, so daß sie unbeeindruckt weiter rollen.

Ende Juli werden die Freiwilligen von der Luga-Linie abgezogen. Daraufhin sagt General von Leeb in einer Radioansprache an seine Truppe: »Soldaten! Vor euch seht ihr nicht nur die Überreste der Bolschewistischen Armee, sondern die letzten Bewohner Leningrads. Die Stadt ist leer. Noch ein letzter Vorstoß, und die Heeresgruppe Nord wird den Sieg feiern!«

10.

Im August 1941 sollen eigentlich 700 000 Menschen, hauptsächlich Frauen und Kinder, aus dem bedrohten Leningrad evakuiert werden – diesmal in den fernen Ural. Aber die Eisenbahnschienen sind durch die deutschen Bombenangriffe so schwer beschädigt, daß nur ein Bruchteil der geplanten Anzahl in Sicherheit gebracht werden kann. Außerdem sehen Parteiangehörige, aber auch viele andere Leningrader, es als Feigheit an, die Stadt zu verlassen. Das hat sicherlich mit der Parteipolitik zu tun, aber es ist auch eine Art Trotzreaktion gegen Moskau. Die Leningrader Zivilbevölkerung und die dort stationierten Truppen fühlen sich von der Moskauer Regierung verraten und verkauft. Denn Stalins Strategie ist es einerseits, daß Leningrads Widerstand die Deutschen von den bereits geplanten Angriffen gegen Moskau ablenken soll. Andererseits ist er durchaus bereit, Leningrad zu opfern, um mehr Menschen und mehr Material für die Verteidigung Moskaus zur Verfügung zu haben. Ein »Nebenkriegsschauplatz« eben …

Harrison E. Salisbury schreibt über diese Zeit: »Ende August näherte sich Leningrad, eine Stadt mit drei Millionen Einwohnern, eine Stadt mit Feiglingen und Patrioten, mit schäbigen Gaunern und Männern und Frauen von unendlicher Hingabe, der stümperhaften Militärs und der sich befehdenden Parteileiter, der Zeit der Bewährung.«

11.

Am 1. September 1941 sind die Sommerferien der Schulen und Universitäten beendet. Obwohl ein Großteil der Studenten und Professoren sich bereits der Armee angeschlossen hat, haben sich immer noch 2000 Studenten an der Leningrader Universität eingeschrieben. Auch weitere vierzig Hochschulen nehmen den Betrieb wieder auf und natürlich die regulären Schulen. Alles geht seinen normalen Gang … Aber der Schein der Normalität trügt: Bereits in den ersten beiden Septemberwochen sammeln Schulkinder eine Million Flaschen zur Herstellung von Molotow-Cocktails.

12.

Am 8. September 1941 ist ganz Leningrad von schwarzroten Rauchwolken überzogen. Die Deutschen haben die Badaew-Lagerhäuser im Südwesten Leningrads bombardiert (Ella Fonjakova berichtet darüber sehr anschaulich).

Hier befinden sich so gut wie alle Vorräte der Stadt – allein 2500 Tonnen Zucker. Alles dies in gegen Feuer unzureichend geschützten Holzgebäuden und nicht verteilt auf verschiedene Lagerhäuser. Daneben verbrennen die Vorräte an Fleisch, Öl und Milch. Die Lagerhäuser brennen mehrere Tage lang, Zucker und Öl schmelzen und rinnen als klebrige Brühe durch die Straßen. Damit haben die Deutschen nahezu die gesamte Lebensmittelversorgung Leningrads lahm gelegt.

War dies eine Leichtfertigkeit der Behörden? Dazu Hasso G. Stachow in einem Interview: »Lassen wir es dahingestellt sein. Wir dürfen annehmen, Menschenverachtung und schwerfällige Bürokratie seien eine tödliche Partnerschaft eingegangen. Erst wurde aufgerufen, ›revolutionäre Disziplin‹ zu wahren. Dann wurde – zu spät – improvisiert. So entwickeln sich Katastrophen. Bevor wir jedoch zu falschen Schlüssen kommen, sollten wir Bundesdeutschen uns vor Augen halten, daß die Westdeutschen 1987, zur Zeit des ›Kalten Krieges‹, nur für zwei Millionen Menschen Schutzräume hatten, also für 3,4 Prozent der westdeutschen Gesamtbevölkerung. Wir hätten im Notfall nur ein Drittel der Bevölkerung mit Trinkwasser versorgen können. Das klingt auch nicht nach Weitblick und Fürsorge. Hat sich damals einer vorstellen wollen, er tanze auf einem Vulkan?«

13.

Schon vor dem Brand der Lagerhäuser sind in Leningrad die Lebensmittel rationiert worden – genau wie in jeder anderen russischen Großstadt. Bis zum 8. September hat niemand in dieser Stadt Not leiden müssen. Die bereits am 1. Juli eingeführte Rationierung entspricht beinahe der normalen Versorgung mit Nahrungsmitteln. So gibt es pro Tag 800g Brot für Arbeiter, für Angehörige und Kinder die Hälfte. Außerdem steht jeder Person pro Monat 2000g Getreide, 2200g Fleisch, 800g Butter und Fett sowie 1500g Zucker zu.

Aber nach der Einkesselung und durch die Einnahme des Dorfes Mga, einem Eisenbahnknotenpunkt nahe Leningrad, und dessen Zerstörung am 27. August verfügt Leningrad gerade einmal noch über Vorräte für einen Monat. Ab dem 2. September werden die Rationen deshalb reduziert. Für Arbeiter gibt es pro Tag nun nur noch 600g Brot, für Angestellte 400g und für Angehörige und Kinder 300g. Die übrigen Rationen sind ebenfalls gekürzt worden: pro Monat 1350g Fleisch, dieselbe Menge Getreide, 450g Fett.

Der Hunger beginnt.

14.

Der Nachschub kommt über den Ladoga-See. Allerdings nur sehr unzureichend, denn es gibt dort ja weder dafür ausgerüstete Schiffe noch Kaianlagen, Lagerhäuser oder Straßen- und Bahnverbindungen. All dies muß erst geschaffen werden, um die etwa drei Millionen Menschen über einen unbestimmten Zeitraum ernähren zu können.

»Not all were brave« überschreibt Salisbury das Kapitel seines Buches über diese Zeit. Nein, nicht alle Leningrader sind tapfer und halten »strengste Revolutionsdisziplin«: Lebensmittelkarten werden gefälscht, das Schwarzmarktgeschäft – vor allem mit Lebensmitteln, Petroleum und Seife – blüht. Wer kann es den Menschen verdenken, daß sie ans Überleben denken?

15.

Am 9. September 1941 befiehlt der russische Marschall Klementi Woroschilow im Auftrag Stalins: »Das rote Leningrad muß sich bis zum letzten verteidigen und seine Kriegsindustrie in Gang halten.«

Noch immer aber gibt es keine Unterstützung aus Moskau. Die Bevölkerung ist in Panik nach den Abwürfen deutscher Phosphorbomben. Die Arbeitsbataillone an den Befestigungen sind ohne Essen und ohne jeglichen Schutz den Bomben ausgesetzt. Es kommt zu Desertionen. Wer dabei »wieder eingefangen« wird, wird erschossen. So oder so: Es geht um das Überleben der Stadt.

16.

In der zweiten Septemberwoche des Jahres 1941 bewegt sich die Heeresgruppe Nord auf Leningrad zu, um der Stadt den »Todesstoß« zu versetzen. Aber dies gelingt nicht. Die Gründe sind noch ungeklärt und bedürfen der Aufarbeitung. Hatte General Keitel nicht vorgeschlagen, die gesamte Bevölkerung Leningrads zu vertreiben – um sie nicht durchfüttern zu müssen? Aber dieser Vorschlag wurde als praktisch nicht durchführbar und deshalb zwecklos abgelehnt. So sagte Adolf Hitler wenige Tage später, daß die deutschen Ziele bezüglich Leningrads nunmehr erreicht seien und die Stadt nun lediglich ein »Nebenkriegsschauplatz« sei, der allerdings in einen engen Belagerungsring eingeschlossen werden solle.

Mitte September greifen die deutschen Truppen Leningrad massiv an. Die Stadt bereitet sich auf Straßenkämpfe vor. Wie im Prag des Jahres 1968 werden Straßenschilder und Hausnummern übertüncht und Straßensperren aufgebaut. Die deutsche Propaganda versucht über Radio und durch den Abwurf von Flugblättern den Eindruck zu erwecken, daß Leningrad kurz vor dem Fall steht.

Aber Hitler brauchte die Truppen General von Leebs dringend, um Moskau auch von der Rückseite angreifen zu können. Die schlimmste Nacht für Leningrad bisher ist die vom 16. zum 17. September, als die Stadt unter Dauerbeschuß liegt. Würden die Deutschen durchbrechen? Für diesen Fall sind Vorbereitungen getroffen worden, ganz Leningrad in die Luft zu sprengen. War nicht auch Moskau verbrannt worden, um Napoleons Pläne zu durchkreuzen?

Aber das Signal zur Sprengung kommt nicht. Denn das 41. Panzer-Korps, das Leningrad besonders bedrängt, wird an die Moskauer Front beordert. Leningrad hat gewonnen – vorerst. Denn der eigentliche Kampf beginnt erst: gegen Hunger und Kälte.

17.

Die russische Dichterin Anna Achmatova wurde zwar nicht in Leningrad geboren, aber diese Stadt war immer ihre Stadt gewesen. Auf Befehl der Partei wird sie Anfang Oktober 1941 nach Taschkent in Usbekistan evakuiert. Dort schreibt sie ein Gedicht, das auf ihren eigenen Erfahrungen in den Leningrader Luftschutzkellern beruht, wo sie fremde Kinder in den Armen hielt und zu trösten versuchte:

Klopfe mit deiner kleinen Faust an meine Tür,
und ich werde öffnen …
Ich habe dich nicht jammern hören.
Bringe mir einen kleinen Ahornzweig
oder einfach eine Handvoll Gras,
wie du es im letzten Frühling getan hast.
Bring auch eine Handvoll kaltes, reines Newa-Wasser,
und ich werde die Blutspuren abwaschen
von deinem goldhaarigen Köpfchen …[1]

---

[1] Übersetzung Heidelore Kluge

18.

Im Oktober 1941 beginnt der große Hunger. Die Versorgungslage in Leningrad ist so schwierig geworden, daß die Glieder und Bäuche der Menschen anschwellen. Sie sterben im Schlaf oder auf den Straßen. Inzwischen erhalten Leningrader Arbeiter pro Tag nur noch 1/3 Brotlaib schlechtester Qualität (dem Brot wurde inzwischen Sägemehl zugesetzt, weil auch die Zellulose Nährstoffe enthält), im Monat ein knappes Pfund Fleisch, ein gutes Pfund Getreide, etwas Öl oder Butter.

Man geht in die ländlichen Vororte, um zu »hamstern« – wie wir dies aus deutscher Nachkriegszeit kennen. Gold, Schmuck, Pelze und andere wertvolle Dinge wechseln den Besitzer für einige Lebensmittel, die unendlich kostbarer sind, weil sie überleben helfen. Die Schiffe, die Getreide über den Ladoga-See bringen, geraten häufig unter Beschuß und sinken. Nur selten kann die Fracht vom Grund des Sees geborgen werden.

19.

So ist also der Hunger der erste »Alliierte« der Deutschen.

Ein zweiter gesellt sich bald dazu: die Kälte. Bereits am 14. Oktober fällt der erste Schnee, das Thermometer sinkt unter null Grad.

Die »Burschuiki«, die auch Ella Fonjakova in ihrem Buch erwähnt, werden installiert – wie im Hungerwinter 1919 während der Revolution. Merkwürdig, daß diese primitiven Öfen aus Blech ihren Namen von den »Bourgeois« herleiten ...

Aber was wird geschehen, wenn der Frost strenger wird? Wenn die Wasserleitungen und die Abwasserleitungen einfrieren?

Zunächst werden die Burschuiki geheizt – mit allem brennbaren Material, dessen man habhaft werden kann, mitunter sogar mit wertvollen Büchern. Die Rohre dieser provisorischen Öfen führen aus den Fenstern nach außen, sind unzureichend installiert, verursachen zahllose Brände, verschaffen aber für kurze Zeit die Illusion von Wärme und Geborgenheit, und man kann auf ihnen Teewasser oder vielleicht sogar eine Suppe kochen. Die russische Sängerin Galina Wischnewskaja erinnert sich in ihrer Autobiographie an diese Öfen: »In unserem Zimmer stand ein kleiner, eiserner Ofen, eine Burschuika. Brennholz aber war nicht zu bekommen, also zerhackten wir die Schränke und Tische [...] und brauchten nicht zu frieren.«

Währenddessen wird Leningrad pausenlos bombardiert. In diesem Herbst werden – in nüchternen statistischen Zahlen ausgerechnet – 79% aller Luftangriffe gegen die Stadt geflogen.

20.

Konnte der Hunger noch schlimmer werden?

Ja.

Die Menschen in Leningrad reißen Tapeten von den Wänden und kratzen den angetrockneten, aus Kartoffelmehl hergestellten Kleister davon ab. Sie kochen Gürtel und Taschen aus Leder aus, um die eiweißreichen, tierischen Nährstoffe daraus zu gewinnen.

Durch den Hunger werden viele Krankheiten verursacht – Durchfall und Dysthrophie beispielsweise. Zuerst sterben die Kinder und Jugendlichen – sie sind mitten im Wachstum, erhalten aber nur zwei Scheiben Brot am Tag.

Ende November 1941 sind bereits mehr als 11000 Leningrader an den Folgen des Hungers gestorben.

Der russische Literaturwissenschaftler Dmitri Lichatschow erlebte diese Zeit und schreibt darüber: »Das steinschwere Brot, in Minirationen auf Lebensmittelkarten zugeteilt, enthielt Zellulose und gepreßte Baumwollsamen: Die Hauptnahrung war Ölkuchen. Aus Tapetenkleister wurde Suppe gekocht, aus Tischlerleim Sülze, aus Lederriemen Gelee. Fast jeder litt an schweren Gesundheitsstörungen durch Mangelernährung.«[2]

21.

In Leningrad gibt es keine Hunde und Katzen mehr, die Versuchskaninchen und Meerschweinchen in den wissenschaftlichen Versuchsinstituten (in denen unter anderem die berühmten Pawlowschen Hunde gehalten wurden) sind verschwunden. Um zu überleben, um den nagenden Hunger zu stillen, geht man oft noch weiter – bis zum Kannibalismus. Galina Wischnewskaja erinnert sich: »Die Menschen starben auf offener Straße, ihre Leichen blieben tagelang liegen, so, wie die Körper zu Boden gestürzt waren. Oft sah man Tote mit abgeschnittenem Gesäß. Wenn in einer Familie jemand starb, so versuchten die Hinterbliebenen die Beerdigung und die Bekanntgabe seines Todes so lang wie möglich hinauszuzögern, um dessen Lebensmittelkarte auch weiterhin beziehen zu können. Für ein paar Brotkrumen mehr lagen Mütter mit toten Kindern im Bett, ließ man gefrorene Leichen bis zum Frühjahr in der Wohnung.«

22.

Der Weg über den Ladoga-See ist so gut wie die einzige Verbindung Leningrads zum großen Mutterland Rußland. Aber die kleinen überladenen Boote können Leningrad nicht versorgen – 16 Stunden brauchen sie für die Überfahrt. Viele sinken unter dem deutschen Beschuß – auch auf dem Rückweg, mit Flüchtlingen an Bord.

Die »Straße des Lebens« wird zur »Straße des Todes« – auch später, als dieser Weg im Winter zur »Eisstraße« wird und eine umfassendere Versorgung ermöglicht.

---

2 DER SPIEGEL 52/1991

Alle Versuche der russischen Truppen, den Blockadering zu sprengen, sind vergeblich und enden mit großen Verlusten. Auf deutscher Seite soll es nach Hasso G. Stachow bis Mitte November bei der Belagerung Leningrads bereits 230 000 Gefallene gegeben haben.

23.

Ende November 1941 friert der Ladoga-See, der größte See Europas, zu. Aber noch friert und schmilzt das Eis abwechselnd. Die »Eisstraße« ist sehr unsicher. Aber Leningrad hat nur noch Lebensmittel für zwei Tage, also muß die Distanz von zwischen 30 und 50 Kilometern über unsicheres Eis mit Schlitten und Lastwagen bewältigt werden, irgendwie. Inzwischen betragen die Rationen nur noch zwischen 125 und 300 g Brot pro Tag.

Bereits am 22. November 1941 werden die ersten Lastwagen eingesetzt. Die Eisstraße ist eröffnet – aber bereits innerhalb der ersten sieben Tage versinken 40 Lastkraftwagen im See. Und auch auf den tief verschneiten Waldwegen gibt es zahlreiche Verluste.

Leningrad benötigt täglich ein Minimum an Vorräten von eintausend Tonnen – Lebensmittel, Treibstoff, Munition. Aber selbst bei Einsatz aller Kräfte können nur 600 bis 700 Tonnen in die Stadt transportiert werden.

24.

Die andere Seite …

Die deutschen Soldaten, die Leningrad belagern, verfügen weder über Winterbekleidung noch über Winterausrüstung für die Fahrzeuge (Frostschutzmittel, Schneeketten usw.) – und das bei Temperaturen bis zu minus 20 Grad. Nur die Helme sind zu Tarnzwecken weiß gekalkt …

Bis Ende Dezember verliert die deutsche Belagerungstruppe vor Leningrad ein Viertel ihrer Soldaten.

25.

Am 9. Dezember 1941 erobern die russischen Truppen Tichwin zurück, einen wichtigen Stützpunkt der Deutschen.

Hinzu kommt, daß auf der »Eisstraße«, die inzwischen fest zugefroren ist, nun größere und schnellere Fahrzeuge eingesetzt werden können. Manche können zwei oder sogar drei Fahrten pro Tag machen. Außerdem werden auf dem sicheren Eis Erste-Hilfe-Stationen, Ersatzteillager und Schneeräumkommandos eingerichtet. Bald sind bei dieser Unternehmung fast 20 000 Leningrader beschäftigt.

Das bedeutet: Die Brotrationen können erhöht werden – um 100g für die Arbeiter, um 75g für alle anderen. Das bedeutete eine mehr oder weniger dicke Scheibe Brot pro Tag zusätzlich.

26.

Aber die Lastwagen müssen nicht nur Vorräte nach Leningrad schaffen. Sie werden auch für Transporte eingesetzt, die aus der Stadt hinausführen. Der Hunger und die damit verbundenen Krankheiten haben viele Opfer gefordert, die auf die Friedhöfe transportiert werden müssen. In den Höfen der Krankenhäuser und auch an den Straßenrändern stapeln sich die Leichen. Allein im Dezember 1941 sind in Leningrad 53 000 Menschen gestorben.

Es ist der kälteste Winter seit Menschengedenken, die Temperaturen sinken unter 40 Grad Celsius. Mehr als 600 Massengräber müssen ausgehoben oder aus dem gefrorenen Boden gesprengt werden. Ihre Gesamtlänge beträgt nach Salisburys Angaben mehr als 15 000 Meter.

27.

Ende Januar 1942 gibt es in Leningrad kaum noch Stromversorgung. Es gibt auch kein Wasser mehr. Wie soll unter diesen Umständen die Stadt mit Brot versorgt werden? Die »Frunse«-Großbäckerei fordert Hilfe an: Am nächsten Morgen bilden 2000 Jungkommunisten von der Newa zur Bäckerei eine Eimerkette, damit wenigstens Brot gebacken werden kann.

Am 8. Januar 1942 fällt in den meisten Teilen Leningrads aus Strommangel auch die Informationsquelle über das Radio aus. Jetzt fühlen die Leningrader sich gänzlich vom Leben abgeschnitten.

Die für Januar geplante Winteroffensive kann Leningrad nicht befreien. Es fehlt wieder einmal an Menschen und an Material. Der Kriegsschauplatz ist kalt, naß und morastig.

28.

Aber ...

Seit Anfang Januar beginnt die »Eisstraße« über den Ladoga-See besser zu funktionieren, denn es gibt nun eine neu gebaute direkte Bahnverbindung, also müssen sich keine Lastwagen mehr durch die Schneewehen der Wälder kämpfen. Auf diesem Weg können nun viel mehr Vorräte in die Stadt geschafft werden. Und – es klingt zynisch, dies zu vermerken, aber es ist traurige Tatsache: Der harte Winter hat die zu versorgende Bevölkerung Leningrads deutlich dezimiert.

Am 24. Januar 1942 werden die Rationen erhöht: Jeder Arbeiter erhält nun 400g Brot pro Tag, alle anderen Einwohner 250g.

29.

Am 22. Januar 1942 ergeht der Beschluß, wenigstens ein Viertel der Leningrader Bevölkerung über die »Eisstraße« zu evakuieren.

Bis zum 15. April werden 554 186 Menschen auf diesem Weg über den Ladoga-See in Sicherheit gebracht, darunter 35 713 verwundete Soldaten der Roten Armee.

30.

Der 8. März ist in Rußland der »Weltfrauentag« (inzwischen versucht man diesen auch in der westlichen Welt einzuführen – mit weniger Erfolg allerdings als den aus Amerika auf uns gekommenen Muttertag): Alle Frauen erhalten Geschenke, in den Betrieben wird gefeiert usw. Aber an diesem 8. März 1942 sind es Tausende von Frauen, die damit beginnen, ihre Stadt Leningrad aufzuräumen. Mit Schaufeln und Spitzhacken gehen sie daran, die Straßen zu säubern – von Schmutz, Abfall und auch von den Leichen, die noch an den Straßenrändern liegen.

Ihr Beispiel macht Schule, denn schon eine Woche später sind über 100 000 Leningrader auf den Straßen, Anfang April bereits über 300 000. Sie säubern etwa 12 000 Höfe und fast drei Millionen Quadratmeter Straßenflächen und schaffen dabei etwa eine Million Tonnen Schmutz und Unrat weg.

31.

Und noch mehr geschieht, als Leningrad nach diesem schrecklichen, erstarrenden Winter wieder zum Leben erwacht.

Die Kraftwerke arbeiten wieder, es gibt Strom, Licht und Wärme.

Die Post wird nach Monaten wieder ausgeliefert, die sich inzwischen zu Bergen gestapelt hatte. Die jungen Komsomolzen, die diese Aufgabe übernommen haben, machen dabei oft schlimme Erfahrungen – nicht zuletzt, weil sie viele Menschen tot – verhungert oder erfroren – in ihren Wohnungen finden.

Am 6. April fahren die ersten Straßenbahnen wieder. Deutsche Beobachter registrieren dieses Lebenszeichen der schon tot geglaubten Stadt mit Verwunderung und Schrecken.

Das Leben in Leningrad geht weiter.

32.

Aber noch immer befindet sich Leningrad im Belagerungszustand. Alle Versuche der russischen Armee, den eisernen Ring um die Stadt zu sprengen, sind bisher gescheitert.

Im Sommer 1942 werden in den Gärten des Sommerpalastes statt Rasenflächen Kohlbeete angelegt. An den Hauswänden kleben Listen, auf denen auf eßbare Wildpflanzen wie Brennesseln, Löwenzahn und Sauerampfer hingewiesen wird.

Und wieder versuchen die russischen Truppen, den Ring zu durchbrechen – zum vierten Mal. Unter großen Verlusten für die deutschen Truppen gelingt es endlich, die Bedrohung eines weiteren Angriffs vorerst abzuwenden.

In den zweiten Kriegswinter geht Leningrad nicht unvorbereitet: nicht nur, daß die Stadt inzwischen besser versorgt werden kann – es herrscht auch ein anderer Geist unter der Bevölkerung.

33.

9. August 1942.

Die Leningrader Philharmonie ist überfüllt. Die Siebte Sinfonie von Dimitri Schostakowitsch wird gespielt – das Werk, das er für Leningrad und seine Menschen geschrieben hat: die »Leningrader Sinfonie«. Die Uraufführung hatte bereits am 5. März 1942 in Kuibyschew an der Wolga, das heute wieder Samara heißt, stattgefunden. Dorthin waren viele Leningrader Künstler evakuiert worden, unter ihnen auch Schostakowitsch. Er galt eine Zeitlang als einer der führenden Komponisten der neuen sowjetrussischen Kultur. Ein Prawda-Artikel vom Januar 1936 jedoch brandmarkte seine Werke als dekadent, formalistisch und mit den Prinzipien des sozialistischen Realismus unvereinbar. Mit seiner 5. Sinfonie (1937), die er zur Feier des 20. Jahrestages der russischen Revolution schreibt, rehabilitiert sich Schostakowitsch vor den sowjetischen »Kulturmachthabern«.

Seine Leningrader Sinfonie wurde ebenfalls lange Zeit von diesen vereinnahmt. Der Komponist selbst erklärt sein Werk folgendermaßen: »Der erste, ausgedehnteste Satz hat dramatischen, tragischen Charakter. Die drohenden Ereignisse des Krieges haben unser friedliches Leben jäh unterbrochen. Dieser Satz hat auch noch eine andere Aufgabe: Als Requiem soll er die Trauer unseres Volkes um seine toten Helden zum Ausdruck bringen. Die beiden folgenden Sätze sind als Intermezzo gedacht. Sie bilden eine Bekräftigung des Lebens im Gegensatz zum Krieg. Der vierte Satz ist unserem Sieg gewidmet.«

Das Konzert in der Leningrader Philharmonie wird in der gesamten Sowjetunion übertragen, über Kurzwelle auch in Europa und Nordamerika. General Friedrich Ferch, Stabschef der 18. Armee, ordnet den Beschuß der Philharmonie an. Da die Russen dies erwartet haben, bringt sowjetisches Gegenfeuer die deutschen Batterien schnell zum Schweigen. Die Leningrader können ungestört »ihre« Sinfonie hören.

Wie wichtig das tägliche Brot vor allem im ersten Blokkadewinter war, können wir in Ella Fonjakovas Buch nachlesen. Aber der Mensch lebt nicht vom Brot allein, sondern hungert auch nach geistiger und künstlerischer Nahrung. Dazu schreibt Galina Wischnewskaja in ihrer Autobiographie: »Inmitten solcher Strudel menschlicher Leidenschaften auf mich selbst gestellt, wurde mir klar, daß mir zwei Möglichkeiten blieben: unterzugehen oder unversehrt dem Morast zu entkommen. Ich fühlte – ja ich wußte –, daß einzig die Kunst mir helfen konnte, und sehnte mich danach zu singen, auf der Bühne zu stehen. Nur dort war ich imstande, dem realen Leben, sei es auch nur für wenige Minuten, zu entfliehen, nur dort fand ich die Kraft, auch die andern an meiner eigenen, schönen Welt teilhaben zu lassen.«

34.

Am 12. Januar 1943 beginnt die russische Offensive an der Leningrad- und Wolchow-Front. Am 18. Januar vereinigen sich die beiden russischen Armeen, das von deutschen Truppen besetzte Schlüsselburg ist eingeschlossen. Kurz vor Mitternacht teilt der Moskauer Rundfunk mit: »Truppen der Leningrader und Wolchow-Front haben sich vereinigt. Die Blockade von Leningrad ist gebrochen.«

Nach 506 Tagen Blockade ist Leningrad ein Meer von roten Fahnen. Aber obwohl man die deutschen Truppen zurückdrängen konnte, stehen sie immer noch gewissermaßen an der Türschwelle. Es soll noch viele Tage dauern, bis Leningrad endgültig befreit ist.

35.

Es gibt jetzt zwar die Bahnverbindung nach Schlüsselburg, aber die deutschen Stellungen sind manchmal nur wenige hundert Meter davon entfernt – deshalb nennt man diese Verbindung auch »Korridor des Todes«. Jederzeit kann die Verbindung unterbrochen werden, denn sie liegt unter schwerem Artilleriebeschuß. Manchmal können die Züge tagelang gar nicht fahren.

Auch Leningrad wird heftig beschossen. Die Deutschen stehen immer noch auf den nahe gelegenen Pulkowo-Höhen. Ein neuer Angriff ist jederzeit zu erwarten.

Im August 1943 erlebt Leningrad den schwersten Beschuß durch die Deutschen, bei denen gezielt auch Straßenbahnen und Lastwagen mit Verwundeten angegriffen werden. Straßenbahnhaltestellen werden verlegt und Züge umgeleitet, um die Deutschen irrezuführen. Kinos werden geschlossen und die Geschäfte mit Sandsäcken verbarrikadiert. Leningrad bereitet sich auf den nächsten Blockade-Winter vor.

36.

Aber das Leben geht weiter, und die Menschen Leningrads planen für die Zukunft, für die Zeit nach der Blockade. Sie bauen ihre Stadt wieder auf, Musik, Theater, Ballett, das gesamte kulturelle Leben blüht wieder auf. Auch die Schulen werden wieder geöffnet – 374 bis Ende 1943.

37.

Die Vorbereitungen für die Befreiung Leningrads beginnen bereits im September 1943. Allerdings wird die russische Offensive nicht vor Wintereinbruch beginnen können. Dann ist das Eis fest, und die Truppen können sich leichter bewegen – der Winter verschafft den Russen einen natürlichen Vorteil gegenüber den Deutschen.

Aber wieder gibt es Auseinandersetzungen mit Moskau, doch schließlich bewilligt die Zentralregierung Leningrad mehr Unterstützung in Form von Gewehren, Flugzeugen, Panzern und modernen Katjuscha-Raketen als für Stalingrad.

38.

Als am 14. Januar 1944 der russische Angriff beginnt, stehen 1 241 000 russische Soldaten 741 000 Mann der Heeresgruppe Nord unter Feldmarschall Küchler gegenüber. Das Dröhnen der Geschütze und Bomben erfüllt die Luft. Seit drei Jahren hat Leningrad auf diesen Tag gewartet. Eine gute Woche später, am 22. Januar, müssen die deutschen Truppen den Rückzug antreten, mit dem sie schon seit längerem gerechnet hatten, denn sie konnten dem von ihnen nicht erwarteten Druck der Russen nicht standhalten. Der Befehl dazu kam allerdings für viele deutsche Soldaten zu spät.

Am Morgen des 27. Januar 1944 geht ein Regen von goldenen Pfeilen, roten, weißen und blauen Raketen über Leningrad nieder. Nach 880 Tagen ist die Blockade der Stadt beendet.

39.

Die »Leningrader Sinfonie« von Dimitri Schostakowitsch enthält neben vielen dramatischen Musikelementen einige zarte Flötenpartien, die für mich immer wieder überraschend und rätselhaft sind. Vielleicht findet sich die Lösung in einem Wort des indischen Dichters und Philosophen Rabindranath Tagore. Er erzählt die Geschichte von flüchtenden und elenden Menschen. Auf ihrem Weg werden ihnen Nahrungsmittel und Wasser gereicht, ihre Wunden werden versorgt, die Kranken gepflegt. Ein Mann allerdings scheint sich nicht um die Elenden zu kümmern, sondern spielt nur auf seiner Flöte. Auf entsprechend vorwurfsvolle Fragen gibt er die Antwort: »Mein König hat mich gerufen, am Wege die Flöte zu spielen, damit alle, die sich dahin schleppen, einen Augenblick stehenbleiben, um Atem zu holen.«

DAS BROT JENER JAHRE

Ella Fonjakova

Wenn es in Leningrad regnet …

In der Stadt regnet es …

Zu Hause ist es dämmrig und still.

An den Fensterscheiben fließt das Wasser herunter und wäscht den Straßenstaub ab. Unscharf erscheinen die verwaschenen Konturen der Straße, der Häuser, der Autos. Über den nassen Asphalt rollen schwere, gelbe Autobusse, jagen schnittige, neue »Schigulis«, blühen bunte Regenschirme. Aufgeschossene Jungen in Sportschuhen gehen mitten durch die Pfützen, während sie ihre lärmenden Kassettenrecorder hin- und herschwingen. In einer Verkaufsbude an der Ecke wird mit kleinen Meeresfischen gehandelt. Frauen eilen beflissen dorthin. Eine junge Mutter zieht über ihren Kinderwagen einen Regenschutz. Hoch oben in der Luft schwebt der Giraffenhals eines Baukrans dahin – die Gebäude gegenüber werden gerade einer Generalsanierung unterzogen …

Das Leningrad der achtziger Jahre …

Der Regen trommelt gegen die Scheiben. Ein zitternder, bewegter Schleier. Eine unklare Grenze zwischen dem, was ist, und dem, was war … Wenn man kurz die Augen schließt, ist es nicht schwer, sich zurückzuerinnern und sich vorzustellen, daß statt des Asphalts auf dem Fahrdamm feuchtes Kopfsteinpflaster glänzt, daß die Autobusse sich in braungesprenkelte Militärlaster verwandeln und die Jungs die Pfützen mit wasserdichten Soldatenstiefeln durchwaten. Und aus der frischen Bruchstelle der Hauswand gegenüber steigt eine Wolke aus Ziegelstaub auf nach dem eben erfolgten Einschlag einer Sprengbombe …

Das Leningrad der vierziger Jahre … Das Leningrad der Blockade-Jahre …

Es ist noch lebendig in den Ecken und Winkeln der alten Wohnungen auf der Vasilij Insel, auf der Petersburger und der Viborger Straße, auf dem Nevskij Prospekt, beim

»Fünfeck«[3] und auf den anderen Plätzen ... Hier, zwischen den dünnen »Möbelwänden«, den Fernsehern, den Zeitungsständern und anderen modernen Errungenschaften gibt es immer noch Dinge, die an die Kriegszeit erinnern. Ein kupferner Kessel mit Dellen an den Seiten; ein Couchkissen, gestickt beim Schein einer unverglasten Petroleumlampe unter dem Krachen der Angriffe, damit man nicht an die Gefahr denkt; ein schiefes kleines Regal aus Bambus, das wie durch ein Wunder verschont blieb von der Verbrennung im kleinen »Kanonenofen«, alte Bücher ...

Und alte Fotografien an der Wand.

Da ist eine Frau mit schräg aufgesetztem Barett und gesteppter, wattierter Jacke ... Ein alter Mann in einem Leinenjackett mit Gasmaske über der Schulter ... Ein Soldat in knielanger Pelzjacke ... Ein schmächtiges Mädchen mit dünnen Zöpfen über den Schultern. Hinter ihrem Rücken – die Brüstung der Uferstraße, eine weiße Eisscholle vom Ladoga-See auf dem Wasser der Newa und die mit Brettern verschalte ägyptische Sphinx aus Granit.

Wer ist dieses Mädchen? Ich? Kann sein ... Aber vielleicht auch eine andere, eine Altersgenossin, die ihre Kindheit während des »Großen Vaterländischen Krieges« durchlebte, während der Leningrader Blockade.

Nennen wir das Mädchen Lena.

Soll sie aus dem Tag des Heute zurückkehren in den harten Winter des Jahres neunzehnhunderteinundvierzig und das erzählen, was sie von diesem Jahr noch weiß und an was sie sich erinnert ... Es war das erste Jahr der Blockade.

Über den Krieg ist viel geschrieben worden. Doch wenn die Rede von der Blockade ist, kann keine Stimme, kein einziges Zeugnis für diese Zeit zuviel sein.

---

[3] Kreuzung in Leningrad, die durch die umliegenden Häuser wie ein Fünfeck aussieht.

Der erste Morgen

Sonnenstrahlen dringen mühelos durch die Vorhänge, fliegen wie ein Fächer durchs Zimmer.

Morgen …

Zeit, aufzustehen. Aber ich zögere es hinaus und träume vor mich hin, nachdem ich die Augen wieder geschlossen habe: Was werden wir an diesem sommerlichen Sonntag machen?

Vielleicht fahren wir zu Papas Verwandten auf die Datscha nach Bernhardowka? Dort, im hintersten Winkel des Gartens, zwischen zwei Birken, ist eine Hängematte angebracht. Darin zu schaukeln – davon träume ich schon eine ganze Woche.

Oder wir gehen spazieren – zu Fuß über die Tutschkow Brücke bis zum Tierpark? Das wäre toll! Aber in diesem Falle wäre es besser, wenn sich nur Vater mit mir auf den Weg machte. Denn es kostet keine Mühe, ihn zu überreden, ein weiteres Eis am Stiel zu kaufen, um es an einen Bären oder eine Meerkatze zu verfüttern. Bei Mami geht so etwas nicht.

Wahrscheinlich würde sie sagen: »Das Äffchen wird sich erkälten!« oder: »Das ist unnötige Verschwendung!« oder noch etwas anderes in dieser Art. Mama ist streng und weiß immer genau, was erlaubt ist, und was – verboten.

Aber vielleicht fahren wir auch alle drei auf die Insel, welche die Erwachsenen mit dem seltsamen Wort »Zepekao«[4] bezeichnen? Papa nimmt dann ein Boot, und wenn wir mit einiger Mühe bis in die Mitte des großen Sees hinausgelangt sind, läßt er mich ein bißchen rudern. Und Mama läßt die Hand durch das Wasser gleiten und lächelt: »Wie warm es ist …«

---

[4] »ZPKiO« = Polygraphische Fabrik, die sich auf der Insel mit dem hier gemeinten »Zentralpark der Kultur und Erholung« befindet.

Auf dem Flur höre ich Bewegung, Stimmen. Es ist Zeit, aufzustehen. Oh weh, jetzt steht das langweilige Waschen und Anziehen an, dann wird man mich vollstopfen mit Kefir, den ich hasse, und zwingen, ein weichgekochtes Ei oder Quark zu essen. Wer wird wohl heute mit mir unter der Dusche stehen? Wahrscheinlich Papa. Mama gibt am Wochenende gewöhnlich die Erklärung ab: »Fjodor, du bist an der Reihe! Kann ich vielleicht ein einziges Mal fünfzehn Minuten länger schlafen?«

In solchen Fällen kommt Papa – noch verschlafen, zerzaust, die dicken schwarzen Augenbrauen lustig wirr – zu mir: »Lenka! Komm!«

Im Flur ist Unruhe, Schritte. Ich tauche mit dem Kopf unter die Decke aus weichem, haarigem Baumwollgewebe. Papa soll glauben, daß ich verschwunden bin! Mag er erschrecken und mit lauter Stimme durch das ganze Haus rufen: »Bürger! Hilfe! Ein Mädchen ist verschwunden! Rufen Sie sofort die Polizei!«

Jetzt spring ich hervor und rufe: »Es ist keine Polizei nötig! Ich wurde gefunden.« – »Ach, du wurdest gefunden?!« – entrüstet sich Papa. »Na warte!«

Und dann beginnt bei uns immer ein lustiges Hin- und Herrennen durch das Zimmer, das Mama bald energisch beendet, da sie Angst hat, die Nachbarn zu stören ...

Ich liege versteckt und genieße im voraus das geliebte Spiel. Aber was ist das? Warum sucht mich heute niemand? Vorsichtig stecke ich den Kopf unter der Bettdecke hervor und blinzle hinaus.

Neben dem Türpfosten steht Mama. Sie steht irgendwie sehr gerade, angespannt und starrt abwesend auf einen Punkt. Mir wird unwohl. Ich setze mich aufs Bett. »Mama! ... Bist du böse, weil ich noch nicht aufgestanden bin? Ich werde schnell ...«

»Ja, ja ... Steh auf, Lena.«

Und Mamas Stimme ist irgendwie ungewöhnlich, ausdruckslos, als ob sie heiser ist, wie nach einer Erkältung.

Ich laufe barfuß über das gebohnerte Parkett und berühre Mamas Hand – sie ist ganz lasch, leblos. Habe ich mir etwas so sehr zuschulden kommen lassen? Aber was denn, was?

»Mami! …«

Vater kommt herein. Er ist ganz erregt – die dichten Augenbrauen berühren sich finster über der Nasenwurzel. Die Eltern wechseln einen flüchtigen Blick. Und plötzlich drückt mich Mama, die gewöhnlich so zurückhaltend ist, fest an sich, bis es weh tut, als ob sie Angst hätte, jemand könne mich ihr wegnehmen.

»Es ist nichts, Mädchen, nichts …«

»Lena«, sagt Vater langsam, »heute hat man uns den Krieg erklärt. Deutschland hat uns angegriffen … Du wirst heute allein zu Hause bleiben. Mama und ich müssen weg. Trink deinen Kefir und iß den Quark, versprichst du das?«

»Gut«, antworte ich mechanisch, »ich verspreche es.«

Die Eltern gehen.

Krieg! … Wie ist das – Krieg? Was ist – Krieg?

Den Sinn dieses Wortes kann ich nicht ganz begreifen. Krieg spielen oft Tage lang die Jungs im kleinen Park an der Ecke. Sie haben nur ihre Banden im Kopf, schreien wild durcheinander und schießen Steine mit der Steinschleuder. Und Gott bewahre, wenn man ihnen dann in den Weg kommt! Sie ziehen einen bestimmt am Zopf oder stellen einem ein Bein. Aber dieser Krieg ist ja nicht echt. Wie mag ein echter sein?

Langsam gehe ich zum Tisch. Das Glas mit Kefir könnte ich in die Küche tragen und ins Waschbecken schütten, den Quark wieder zurück in das Einmachglas stopfen. Denn es würde niemand sehen. Aber nachdem ich kurz geschwankt habe, trinke ich mit Widerwillen die saure, weiße Flüssigkeit. Etwas sagt mir: Wenn Krieg ist, darf man nicht das tun, was man möchte, sondern muß das tun, was befohlen wird.

Einige Tage später versammeln sich abends im Zimmer der Eltern, das dicht mit Bücherschränken vollgestellt ist, ihre Freunde.

Die Erwachsenen sprechen aufgeregt miteinander, viele rauchen. Mich beachtet keiner. Nicht einmal Wassilij Alexandrowitsch, mein Freund, der mir oft das Konfekt »Mischka im Norden« oder einen roten Apfel mitbringt. Beleidigt klettere ich auf den Sessel und schaue mit schweifendem Blick die Buchrücken an, während ich silbenweise lese: »Go-gol, Pusch-kin, Scho-lo-chow, Ma-ja-kow-ski ...« Im Augenwinkel bemerke ich, daß Wassilij Alexandrowitsch Mama die Hand geküßt hat. Mich beginnt die Eifersucht zu quälen. Meiner Ansicht nach den Papa auch, aber er schweigt, wie ich.

Die Gäste gehen. Mama und Papa stehen mit ihnen lange im Korridor. Ich fühle mich einsam und überflüssig. Haben mich etwa alle vergessen? Wütend springe ich in den Flur. Dort ist es schon leer, alle haben sich auf den Treppenabsatz hinausbegeben und können sich irgendwie nicht trennen. Die Männer gehen hinunter – ihre Stimmen sind im Treppenhaus einem Echo ähnlich: »Auf-wi-i-ieder-se-e-ehn!«

»Auf Wiedersehen! ...« – flüstert Mama, »unbedingt – auf Wiedersehen! ...«

Und ich sehe – in ihren Augen sind Tränen.

ENSE[5] *– Inbegriff der Seligkeit*

Wir wohnen auf der Vasilij Insel. An der Ecke »Fünfte Linie«[6] und »Kleiner Prospekt«. In einem großen sechsstöckigen Haus mit einem Türmchen auf dem Dach. Die Fenster in unserer Wohnung sind schmal und hoch. Meine Lieblingsbeschäftigung ist es, mich auf das Fensterbrett zu stellen, die Nase an die Scheibe zu drücken und zu erspähen, was auf der Straße passiert.

Manchmal scheint es mir, als gäbe es überhaupt keinen Krieg.

Erstaunlich warm und goldglänzend hält sich das Wetter in Leningrad. Die Pflastersteine auf den Brücken sind, wie gewöhnlich im Sommer, mit Wasser beprengt. Das einzig Ungewöhnliche– aus der Bäckerei gegenüber tragen Frauen armevoll Brotlaibe heraus. Lange, weiße, braun gebackene Brotlaibe, schräg gezeichnet mit einer kleinen, länglichen Vertiefung. Wozu kaufen sie so viele auf einmal?

Unsere Mitbewohner haben auch Brotlaibe besorgt. In der Küche wird jetzt jeden Abend der große Herd geheizt, die Bewohner machen im Ofen Zwieback; sie legen Vorräte an. Nur wir machen keinen Zwieback. Eine der Nachbarinnen, Agnija Stepanowna, schaut tadelnd in Richtung meiner Mutter: »Entschuldigen Sie, Olga, aber Sie sind sehr unvernünftig! So darf man sich doch jetzt nicht verhalten!«

Aber mir scheint überhaupt nicht, daß meine Mama unvernünftig ist. Denn in der mittleren Schublade des mit Schnitzereien verzierten Büfetts – es ist noch von Großmutter – heben wir noch ganze zwei Kilo Linsen auf! Sie werden schon lange aufgehoben, wann und wer sie gekauft hat, ist unbekannt, doch das Linsen-Thema fließt fortwährend

---

5 Abkürzung für Neprikcnowenny sapac = Reserve, Notration.

6 Straßenbezeichnung in Leningrad.

in die familiären Gespräche ein. »Linsen – das ist doch was!« sagt Papa, »viele Kalorien. In jedem Falle werden wir damit nicht umkommen! Ich habe sogar gelesen, daß Leute, die sich mit Linsenbrei ernährt haben, nahezu hundert Jahre lebten! Und ein bekanntes Mädchen ...«

»... das auch Linsen gegessen hatte«, falle ich ein und zwinkere Mama zu, »hörte immer darauf, was die Älteren sagten!«

Mama lächelt: Wir verstehen uns. Herrje, diese moralisch belehrenden Geschichten von Papa über »ein bekanntes Mädchen«!

Aber Spaß beiseite, die Linsen geben uns wirklich eine gewisse Sicherheit für die Zukunft. Es gibt aber auch noch andere Vorräte: eine Dose Gerstenkaffee und etwas Stärke. Und es gibt noch *ENSE* – ein unberührter Bestand. Mich verzaubert das schöne Wort – *ENSE*. Ich versuche es etwas öfter im Gespräch anzubringen und quäle Mama: »Laß uns unsere *ENSE* anschauen!«

Und wenn Mama Zeit hat, kommt sie der Bitte nach. Aus dem Büfett holt sie dann eine zerknitterte gelbe Tasche, die einen Reißverschluß hat. In ihr sind fein säuberlich Schokoladetafeln »Unsere Marke« gestapelt, eine kleine Schachtel Vitamin C und drei Päckchen Kekse »Maria«. Mama hat sorgfältig den Inhalt für *ENSE* ausgewählt. Papa versichert, daß wir sehr tüchtig seien – und uns gut auf die bevorstehende Notzeit vorbereitet hätten.

Einmal halte ich es nicht mehr aus und erzähle unseren Nachbarn in der Küche von unserer feinen *ENSE*. Aber das machte überhaupt keinen besonderen Eindruck. Agnija Stepanowna zuckte nur mit den Schultern. »Wenigstens haben sie an das Kind gedacht«, sagt sie.

Neue Sorgen

Es zeigten sich neue Gefahren. Mama nimmt die durchsichtigen Tüllvorhänge vom Fenster ab. »Nimm Zeitung und Schere«, sagt sie, indem sie von irgendwo unter der Zimmerdecke auf mich herab schaut.

»Und warum?« frage ich.

»Du wirst Papierstücke schneiden, und ich klebe sie auf die Fensterscheiben.«

»Wozu?«

»Damit die Scheiben nicht hinausfliegen, wenn ein Bombenangriff kommt.«

Bombenangriff? Ich konnte nur unklare Vermutungen anstellen über den Sinn dieses Wortes. Aber ist es nicht verwunderlich: Der Krieg dauert schon einige Tage, und in Leningrad ist es bis jetzt noch ruhig …

»Wann wird das sein?«

Ich höre nicht auf, Mama mit Fragen zu bedrängen.

»Was – Wann?«

»Na … der Bombenangriff? Bald?«

»Wirst du dich jetzt an die Arbeit machen, oder hast du vor zu schwatzen?« fährt mich Mama drohend an. »Los, reich mir einen Papierstreifen!«

Ich greife nach der Schere und zerschneide eifrig die Zeitungen. Mama steigt bald auf den Hocker neben dem Fenster, bald wieder auf den Boden, um an den Kleister zu kommen, den sie in einem Aluminiumtopf aufgekocht hat. Mich ödet langsam die Eintönigkeit an – unter meiner Schere kriecht statt gleichmäßiger Streifen ein Reigen irgendwelcher langbeiniger Wesen hervor, welche an den Händen aneinanderhängen.

Mama ist sehr erzürnt: »Lena! Jetzt ist keine Zeit, zu spielen!« Sie nimmt mir energisch die Schere weg, und plötzlich, nachdem sie unerwartet zu lächeln angefangen hat, schneidet sie selbst … eine Reihe Teufelchen aus. Meinen Reigen und ihre Teufelchen kleben wir zwischen die über Kreuz gelegten Papierstreifen. Das Fenster sieht fast bizarr aus; nachdem wir etwas zur Seite gegangen sind, betrachten wir unser gemeinsames Werk.

»Fliegt jetzt die Scheibe nicht mehr raus?« frage ich.

»Sollte sie eigentlich nicht«, sagt Mama und lächelt. »Unsere Teufelchen halten sie mit ihren Krallen.«

Danach greift sie zur Nähnadel. Aus zwei eingefärbten Leintüchern müssen schnellstens schwarze Stores genäht werden. Gestern abend erschien bei uns der Hausmeister und drohte mit schlimmen Strafen, wenn wir nicht sofort »verdunkeln« würden. »Wegen Ihrer Verantwortungslosigkeit werden die Deutschen die ganze Vasilij Insel zertrümmern!« sagt er. Mama schwor dem Hausmeister, daß bis zum morgigen Abend die Stores bei uns fertig seien.

Da kommt Iroschka angelaufen, die Tochter von Agnija Stepanowna. Nachdem sie mich mit dem Finger auf den Korridor gelockt hat, flüstert sie aufgeregt: »Dort! ... An der Ecke! ... Haben sie den ganzen Platz aufgegraben! Mama sagt, sie heben Splittergräben aus. Los, laß uns hinschauen! Sag, daß wir in den Hof spielen gehen!«

Iroschka ist älter als ich, sie ist in die zweite Klasse versetzt worden, und manchmal erlaubt man mir, mit ihr auf der Straße spazieren zu gehen. Mit dem Nähen beschäftigt, hat Mama auch dieses Mal nichts dagegen. Zum Schein nehme ich die blechernen Eimer mit den Schaufeln mit, wir eilen die Treppe hinunter und laufen zur Ecke der »Siebten Linie«, zum kleinen Platz, auf dem wir beide aufgewachsen sind und wo wir jeden Fliederstrauch und jedes säuberlich angelegte Blumenbeet kennen.

Jetzt ist kein Blumenbeet mehr da. Entlang der schmalen Wege klaffen tiefe Gräben, Erdklumpen fliegen nur so in verschiedene Richtungen. Hier arbeiten eine Menge Leute, hauptsächlich Frauen.

»Sind das Splittergräben?« frage ich Irka. »Wozu sind die?«

»Sie bieten bei einem Bombenangriff Schutz ...« Wieder dieses stachelige Wort – »Bombenangriff« !

Uns beiden wird es angst und bange. Eine gewisse Zeit schauen wir schweigend auf die frisch ausgehobenen Gräben. Dann, ohne uns abgesprochen zu haben, treten wir neben den Erdarbeiter, der uns am nächsten ist, und stoßen unsere Kinderschaufeln in den Erdboden.

Der Bombenangriff

Bald sollten wir alle erfahren, was das ist – ein Bombenangriff.

Es ist Abend. Wir haben gerade den Tee eingenommen. Mama geht ins Badezimmer. Papa macht den ersten Versuch, wie er sich ausdrückt, »mich in Morpheus Arme zu treiben«. Ich möchte nicht schlafen und fange allerhand belanglose Gespräche an, flechte mir unaufhörlich für die Nacht Zöpfe und mache sie wieder auf und bin launisch. Um so mehr, als Mama das sowieso nicht sieht. Zu guter Letzt greift Papa nach einer List: Er legt den grauen Plüsch-Teddy Mischka in mein Bett und deckt ihn mit der Decke bis über die lederne Nase zu.

»Wenn diese sture Dame nicht hört, dann leg du dich wenigstes hin, Bruder. Sie werden wir jetzt vor die Tür setzen, und wir ...« – Papa flüstert hörbar in das runde Bärenohr: »Wir werden Märchen erzählen.«

Der Bär blickt mit seinem rötlichbraunen Glasauge verschwörerisch auf Papa. Und plötzlich werde ich schrecklich eifersüchtig. Mir kommt es so vor, als ob der plüschene Liebling unsere Freundschaft verrät.

Und unsere Freundschaft ist alt! Mischka ist mein Altersgenosse, Mama hat ihn im Jahr meiner Geburt gekauft, mit dem ersten Gehalt, das sie in ihrem Leben bekommen hat. Damals war das wilde Tier dunkelbraun. »Ergraut« ist er, nachdem ich vor einigen Jahren den Beschluß gefaßt hatte, ihn ... zu rasieren. Papa rasiert sich doch auch? Und Mischkas Plüsch-Fell war den väterlichen Borsten doch so ähnlich! Als ich den Bären schon von Kopf bis Fuß mit der dickflüssigen schaumigen Creme eingerieben hatte, erschien Mama auf der Türschwelle ...

Mischka wurde lange abgewaschen und in heißem Wasser gebadet. Die Seifenpaste in der Tube erwies sich als fette Lanolincreme ... Seit dieser Zeit hat der Bär seine ursprüngliche »bärige« Farbe eingebüßt.

Ist es möglich, daß Mischka allein ein neues Märchen hören wird? Ich krieche schnell unter die Bettdecke.

Unerwartet erzittert die Wand von einem lauten Knall. In der Wohnung schlagen die Türen. Jemand läuft eilig den Gang entlang in Richtung Küche. Ich höre die erschreckte, kreischende Fistelstimme von Irinas Mutter – Agnija Stepanowna: »Hören sie das nicht?! Deutsche Flugzeuge! Lauft! In den Keller! In den Keller! ...«

Papa stürmt zum Radioapparat. Er ist natürlich bei uns nicht eingeschaltet – das Radio Tag und Nacht eingeschaltet zu haben, lernten wir nicht sofort. Das Zimmer erfüllt das ohrenbetäubende Geheul einer Sirene. »Achtung! Achtung! Fliegeralarm!«

Papa beeilt sich, das Licht zu löschen, und nachdem er die schwarzen Vorhänge geöffnet hat, schauen wir aus dem Fenster. Deutlich ist ein wachsendes unheilverkündendes dumpfes Getöse zu hören. Es scheint, als ob es den ganzen Himmel erfüllt. Durch das Quadrat der Fensterscheibe sehe ich schräge, unruhige Licht-Säulen, die an die Wolken stoßen, und hoch, hoch über den Häusern das Aufflammen von irgendwelchen sehr grellen Feuern.

»Papa, ich habe Angst!«

Papa nimmt mich in die Arme und schleppt mich mitsamt der Bettdecke auf den Korridor.

»Olga!« schreit Papa, indem er mit dem Fuß gegen die verschlossene Badezimmertür tritt. Aber wegen des Wassergeplätschers hört Mama nichts. »Olga!!! Sie bombardieren! Laß alles fallen! Runter! Sofort! Lenka ist bei mir!«

Mama kommt endlich raus. Ihr Kopf ist mit einem Handtuch umwickelt. Die Hände sind mit Seifenschaum bedeckt.

»Was ist passiert?«

»In den Keller!« kommandiert Vater. »Hörst du?! Fliegeralarm!«

»Mama!« Ich fange auch an zu schreien, so wie alle ringsrum. »Mama! Dort im Zimmer ist Mischka ... Nimm ihn! Mama!«

»Nichts da Mischka!« explodiert Vater. »Alle beide werden umkommen!«

Doch Mama geht schon ins Zimmer und kommt mit meinem Bären und der gelben Tasche mit unserer *ENSE* zurück. Im Unterschied zu Agnija Stepanowna verliert sie überhaupt nicht ihre Selbstbeherrschung.

Mit Mühe kommen wir auf den Treppenabsatz. Die Treppe ist voll von Menschen. Die Bewohner unseres Hauses bewegen sich hastig hinunter, wobei sie auf den steilen, abgenutzten Stufen straucheln. Halbangezogen, in Pantoffeln, mit Bündeln, Matratzen und Koffern in den Händen ... Gedränge, laute Klageschreie. Kinder heulen, Greise weinen. Das gußeiserne Treppengeländer biegt sich unter dem Ansturm – es kann jeden Augenblick nachgeben ...

In den Keller führt eine schmale und niedrige Tür. Eher sogar keine Tür, sondern eine Art Katzenschlupfloch. Das ist der reine Mord!

Schließlich gelingt es uns, in das graue Labyrinth der Brennholzlager und Vorratskammern zu gelangen. Unter den Füßen quatscht das Wasser, es riecht nach Vermodertem, nach feuchten Sägespänen. Nirgends kann man sich hinsetzen, nirgends es sich bequem machen ... In unserem Haus hat man es noch nicht geschafft, die Schutzräume allen Vorschriften gemäß auszustatten.

Wir stehen mit dem Rücken gegen eine piksige, splitterige Zwischenwand gelehnt. Papa ist es zuviel geworden, mich auf dem Arm zu tragen, und er stellt mich, nachdem er mich fest in die Decke gewickelt hat, mit meinen Füßen auf seine eigenen. Mama atmet irgendwo daneben, obwohl sie nicht zu sehen ist. Die Dunkelheit ringsherum ist undurchdringlich.

Plötzlich hören wir ein fürchterliches Krachen.

Ich habe den Eindruck, als ob man unser Haus in gigantische Nußknackerzangen genommen hat und diese kräftig zusammendrückt. Die Kellerwände beben. Papa drückt mich fest an sich.

»Wir sind verschüttet! Verschüttet! Ver-schüttet! Schüttet! Schüt-tet!« heult eine Frauenstimmen hysterisch.

»Aufhören mit der Panik!« befiehlt eine männliche gebieterisch. »Alle bleiben ruhig auf ihren Plätzen stehen. Alles Weitere wird sich klären!«

Nach einer Stunde klettern wir aus dem Keller hinaus. Der Angriff ist vorbei. Unser Haus ist stehengeblieben, doch in der Menge sagt man, daß die Bombe das Nachbarhaus getroffen hat. Als wir auf die Straße gehen, sehen wir, wie von der Newa, von der »Dritten Linie«, ein Krankenwagen auf den Kleinen Prospekt einbiegt ...

»Schnell nach Hause«, sagt Papa. Er trägt mich wieder auf dem Arm. Das Ende der Bettdecke, völlig im Straßendreck, schleift auf der Erde.

»Was für ein Grauen! Nein, was für ein Grauen!« schluchzt Agnija Stepanowna. »Und das ist ja erst der Anfang. Uns alle wird man hier umbringen!«

Mamas Gesicht wird entschlossen: »Ich weiß nicht, wie die anderen es halten werden, aber ich werde nicht mehr in den Keller gehen!« Dann setzt sie sich auf das Sofa, um meinem Bären das abgerissene Ohr anzunähen.

Das Rabenjunge Varen'ka

Die Bombenangriffe beherrschen bald den Leningrader Alltag.

Es wird jeden Tag bombardiert, und nicht nur einmal. Manchmal morgens, manchmal nachts und manchmal am hellichten Tag. Wir empfinden schon nicht mehr jenes Grauen wie beim ersten Mal. In den meisten Fällen, wenn die ersten Töne des widerlichen Geheuls der Sirene zu hören sind, erhebt sich Mama und geht Essen kochen oder näht weiter mit ihrem geliebten »Richelieu-Stich« irgendwelche Servietten.

Wenn Vater zu Hause ist, wird er wieder aufbrausend: »Du bist einfach verrückt! Fatalistin! Los, beide sofort in den Luftschutzkeller! Was habe ich gesagt! Das wird noch ein schlechtes Ende nehmen! ...«

Mama hüllt sich in Schweigen, und ich, nachdem ich ihre Unterstützung spüre, bringe das übliche Sich-lustig-Machen über Vater in Gang: »Es war einmal ein bekanntes Mädchen, das nie in den Luftschutzkeller hinunterging ...«

Da ergreift Papa rasch die Kissen vom Sofa, nimmt einen Mantel vom Haken und baut, nachdem er einen Sessel auf den Korridor geschleppt hat, darauf eine Art Nest. Dann setzt er mich in diesen eigenartigen Schutzraum.

Zwischen den dicken Sachen bekomme ich kaum Luft. »Pa-a! Warum denn? Laß mich raus, mir ist heiß! Nun laß mich doch raus!«

Aber Vater ist unerbittlich. »Bleib sitzen! Wem soll ich das sagen?«

Mama versucht mir aus meiner schwierigen Lage herauszuhelfen, aber vergeblich. »Ich fürchte nicht um mich«, gibt Papa seine Erklärung ab, »aber um Lenka fürchte ich!«

»Laß mich raus!« flehe ich.

»Ach, du Dumme!« stöhnt Papa, »verstehst du denn nicht, wie sehr ich dich lieb habe?«

Ich verstehe, aber aus einem bestimmten Grund scheint mir, daß die ruhig im Zimmer gebliebene Fatalisten-Mama mich nicht weniger liebt.

Manchmal, wenn der Fliegerangriff in vollem Gange ist, nimmt Mama die alten Bücher mit den Bildchen, die noch aus ihrer Kindheit sind, vom Regal. Wir blättern sie durch, schauen sie an, mit Mamas Hilfe lese ich in Silben. Besonders berührt mich eine mitleiderregende Geschichte – von dem Rabenjungen, das Varen'ka hieß. Dieser leichtsinnige junge Vogel fliegt aus Neugierde in die Küche irgendeines Schlosses. Ihn zieht das Klopfen und der Glanz der Messer an, das Blitzen der Töpfe. Der Koch überlegt nicht lange, fängt Varen'ka, und fast wäre der Rabe in der Suppe gelandet. Ich bange so um den jungen Vogel, daß ich alles um mich herum auf der Welt vergesse. Manchmal geht das bis zu Tränen. Dann holt Mama, um mich zu beruhigen, aus der geliebten *ENSE* eine saure Vitamin C Tablette.

Dabei vergeht die Aufregung.

Wir suchen den Raketenabschießer

Zu Hause ist plötzlich allgemeiner Aufruhr. Beide Eltern fahren gleichzeitig zum Verteidigungseinsatz: Papa in die Gegend von Narva, Mama ins Nowgoroder Gebiet. Es tauchen viele Probleme auf: Was soll man anziehen? Bei wem kann man mich lassen? Es wird beschlossen, daß Vater den Mantel aus Drap[7] nimmt, der aussieht wie von Großvater, und Mama sich die Finnenstiefel anzieht. Heute weiß schon keiner mehr, was Finnenstiefel sind. Das waren leichte, aus einem einzigen Stück Leder zugeschnittene Stiefelchen mit hochgebogenen Spitzen – in denen ist man Ski gefahren. Besondere Sportler gab es in unsere Familie nicht, aber Finnenstiefel, die waren vorhanden.

»Wenn du dich mit wollenen Socken versorgst, wird das für die Schützengräben goldrichtig sein«, überlegt Papa. An den langweiligen Landregen, mit dem der Baltische Sommer zu Ende geht, hat irgendwie keiner gedacht, obwohl wir uns unweigerlich darauf zu bewegten.

Mich ließen sie bei Tante Julia – Mamas Tante. Mit ihrem geliebten Häkel- und Stickzeug übersiedelt sie zu uns. Arme Tante Julia, ihr standen keine leichten Tage bevor!

Ich verstehe mich gut mit Papa, fürchte ein wenig Mama, aber Tante Julia ... Mit ihr stelle ich alles an, was mir in den Kopf kommt. Sie ist einfach nicht imstande, mir etwas zu verbieten.

Ihre bescheidene Rente geht für die kleinsten meiner launenhaften Wünsche drauf. Aus den Wetterhähnen am Stiel, welche sie mir vor dem Krieg auf dem »Mittleren Prospekt« gekauft hat, hätte man ein ganzes Regiment zusammenstellen und entlang der Straße »Fünfte Linie« aufstellen können – von unserem Haus bis zu Newa! Und die glasierten Äpfel? Und die Bonbons mit Berberitze-Geschmack? Und das rausgeworfene Geld für lange Gummibänder? Oje, oje, oje!

Natürlich gehorche ich ihr überhaupt nicht, und jetzt, wo Vater und Mama weggefahren sind, genieße ich im voraus meine Freiheit.

---

[7] Schwerer Mantelstoff.

Ich treibe mich ständig mit Iroschka im dunklen Flur herum. Sie bringt Neuigkeiten von der Außenwelt, da sie öfters im Hof ist und sich dort mit den anderen Kindern unterhält. In der Stadt, so scheint es, gibt es viele geheimnisvolle Vorgänge. Dort laufen »deutsche Spione« und »Raketenabschießer« herum.

»Hast du die Raketen gesehen?« fragt Iroschka. Ich habe sie nicht gesehen, nicke aber vorsichtshalber zustimmend mit dem Kopf.

»Die Rakentenabschießer verstecken sich gewöhnlich auf dem Dachboden oder lauern jemandem auf. Sie hören, wenn ein deutsches Flugzeug kommt – und sofort schießen sie. Aus einer geräuschlosen Pistole. Die ist mit einer Rakete geladen – die ist wie so eine elektrische Lampe. Eine grüne oder rote. Fsch-sch-sch – und sie fliegt hinauf! Alles ringsherum wird beleuchtet. Und die Deutschen sehen, wohin sie die Bomben werfen sollen.«

»Und unser Haus, können sie das auch sehen?«

»Natürlich.«

Wir werden still und drängen uns in der Dunkelheit aneinander. Dann beginnt Irka erneut mit der Geschichte: »Außerdem stellen die Raketenabschießer manchmal Grammophone mit verdeckten Lautsprechern auf. Und zwar, wenn sie keine geräuschlose Pistole haben. Der Schuß wird durch die Musik abgedämpft.«

Uns wird langweilig, im Flur zu sitzen, und wir – ich denke aber gar nicht daran, Tante Julia um Erlaubnis zu bitten! – schlüpfen unauffällig auf die Treppe hinaus. Wir begeben uns hinunter in den Hof, aber dort gibt es heute wenig Interessantes, Kinder sind keine da. Wir gehen auf die Straße.

Der »Kleine Prospekt« ist nicht sehr breit. Wir laufen auf die andere Seite, wo in dem Eckhaus ein Petroleum-Laden ist. Dort drinnen kann man so schön die verzinkten Becken sehen, aus denen mit zylindrischen Schöpfgefäßen den Kunden Petroleum in die Blechkannen gegossen wird. Danach schlendern wir auf die »Siebte Linie«, zum aufgegrabenen, völlig verunstalteten Platz, von dort zurück zu unserem Hauseingang. Hier ziehen wir mit dem Splitter eines Ziegelsteins auf dem Trottoir die Linien eines schiefen Hüpfekästchens. Plötzlich lauscht Irka gespannt. »Hörst Du?«

»Was?«

»Wie was? Die Musik: das Grammophon mit den verdeckten Lautsprechern!«

Wir schauen uns vielsagend an. Das Hüpfekästchen ist vergessen. Angespannt tasten wir mit unseren Blicken die Fassade des dreistöckigen Hauses gegenüber ab, von dem Papa immer begeistert sagt: »Reinstes Empire!«

»Schau!« flüstere ich, indem ich meine Freundin an die Hand nehme, »am Dachbodenfenster ist jemand kurz aufgetaucht.«

»Der Raketenabschießer!« ruft Irka erschrocken.

Mit wenigen Sprüngen überqueren wir den »Kleinen Prospekt«, wobei wir vor Angst fast sterben, und erklimmen die dritte Etage des Empirehauses über die steile steinerne Treppe. Es tauchen Kisten mit Sand auf, scharlachrote Feuerlöscher, blaue Eimer, und es springen erschreckte Katzen zur Seite. Endlich – vor uns ist die Tür zum Dachboden, wo sich eventuell der Raketenabschießer versteckt.

Mein Herz klopft wie wild, Irkas Hand, die ich festhalte, ist kalt wie ein Eisstückchen.

Mit Erleichterung sehen wir, daß an der Türe ein riesiges rostiges Schloß hängt.

Aber vielleicht ist das Schloß nur zum Schein dran? Wir zerren am Bügel – verschlossen, es gibt nicht nach.

Mutiger geworden, fangen wir an mit den Fäusten an die Tür zu trommeln. Aus der nächstgelegenen Wohnung kommt eine aufgebrachte Frau heraus. »Was ist los? Was ist passiert?«

»Das Grammophon mit den versteckten Lautsprechern! ... Musik! ...« schreien wir, indem wir uns gegenseitig ins Wort fallen. »Der deutsche Raketenabschießer!«

Das Erstaunliche war, daß die Einwohner des Empirehauses die von uns erzeugte Panik durchaus ernst nahmen. Sie holten die Frau des Hausmeisters. Wir öffneten das rostige Schloß und nahmen sorgfältig den leeren Dachboden in Augenschein, und ein junger Bursche kletterte sogar durch das Dachfenster auf das Dach hinaus und durchsuchte dort alle versteckten Winkel. Aber sie fanden keinen Raketenabschießer.

Wahrscheinlich ist es ihm gelungen, davonzulaufen.

Das Gesetz Paganinis

Papa kehrt aus der Gegend um Narva zurück – verwildert, stark abgemagert und irgendwie scheint es, noch größer als gewöhnlich. Er erzählt nichts, trinkt viel Tee, und einmal, fast schuldbewußt, bittet er Tante Julia: »Und was ist, wenn wir ein bißchen Linsen kochen?«

»Ist er etwa hungrig?« denke ich mit Unverständnis. Mir ist das Gefühl von Hunger bisher noch unbekannt – Tante Julia stopft mich weiter morgens mit Frühstück voll. Zwar gibt es den widerlichen Kefir schon nicht mehr, aber dafür sind irgendwelche Fladenbrote aufgetaucht.

»Gut, daß ich vom Roggenmehl rechtzeitig einen Vorrat angelegt habe«, freut sich Tante Julia. »Niemand hat es genommen, nur ich. Als ob ich es vorausgesehen hätte ...«

Mami aber ist noch nicht da. Ich sehne mich nach ihr. Papa ist sehr beunruhigt. Er hat schon in ihrem Institut angerufen, aber da hat er leider niemanden erreicht. Die Institutskollegen sind alle in den Schützengräben. Abends nimmt Papa vom Schrank das Futteral mit der Geige herunter und gibt endlos ein und dieselbe Passage zum besten. »I-i-i-i-y-y-y-y-u-u-u-u ... I-i-i-i-y-y-y-y-u-u-u-u ...«

Mich packt der Überdruß. »Papa, es reicht! Lieber Papa, bitte irgend etwas anderes!«

Aber Vater mit seiner unbeugsamen Sturheit macht weiter mit dem »Sägen«. Ich verstehe, daß die Geige ihm hilft, nicht darüber nachzudenken, daß Mama noch nicht zu Hause ist, und mache es mir mit zugehaltenen Ohren ergeben auf dem Fensterbrett gemütlich. Es beginnt der Artilleriebeschuß. Es endet der Artilleriebeschuß.

»I-i-i-i-y-y-y-y-u-u-u-u ...«

Oh diese Geige! Es gab Zeiten, noch vor dem Krieg, da übte Papa auf ihr fünf Stunden am Stück! Am Ende der zweiten Stunde verging Mama eindeutig die Laune. »Man muß auch ein bißchen an die anderen denken, Fedja!« sagte sie dann gereizt.

Aber Papa dachte nicht »an die anderen«. Er dachte daran, das Gesetz Paganinis, des genialen Italieners mit dem teuflischen Ausdruck im schmalen Gesicht, zu entdecken, dessen Porträt bei uns auf dem Schreibtisch steht. Wenn Papa mir von Paganini erzählte, senkte er immer die Stimme, als ob irgend jemand vorhätte, zu lauschen: »Das war der weltberühmteste Geiger! Er spielte mit einer solch beeindruckenden Virtuosität, daß den Leuten schien, als helfe ihm ein böser Geist!«

»Die Hexe Baba-Jaga?«

»Ein Sonderling! Aber in Wirklichkeit hat ihm niemand geholfen. Er hatte einfach« – und dabei ging Papa völlig zum Flüstern über – »sein eigenes Gesetz.«

»Welches?«

»Ein besonderes – wie man mit den Fingern arbeitet, wie man die Geige hält. Und ich werde es entdecken! Ich bin schon sehr nah dran. Mutter glaubt nicht daran, aber ich werde es ganz bestimmt entdecken! Du wirst sehen.«

Ich zweifle auch nicht daran, daß Papa erreicht, was er sich vornimmt. Von ganzer Seele wünsche ich ihm Erfolg. Na gut, soll er sägen, wenn er das unbedingt braucht.

»I-i-i-y-y-y-y-u-u-u ...«

Plötzlich läßt Papa die Geige sinken und spricht merkwürdige Worte: »Dem Gesetz Paganinis nach, kommt sie heute zurück, du wirst es sehen!«

Tief in der Nacht geht die Klingel. Mama! Sie ist voll von Lehm, ihr Gesicht krankhaft aufgeschwollen, traurige Überreste der Finnenstiefel an den Füßen, mit Wunden bedeckte Hände – die Handrücken sind mit blutenden Blasen bedeckt. Man läßt mich sie nicht umarmen, bis sie nicht ein Bad genommen hat. In der Erwartung schlafe ich wieder ein. »Deutsche ... Deutsche ... Deutsche ...«, höre ich im Halbschlaf Mamas Stimme. »Überall Deutsche ... Deutsche ... Deutsche ...«

Die Deutschen

Auf Deutsch kenne ich nur drei Worte – eins, zwei, drei. Und obwohl mir bekannt ist, daß Deutschland ein großes Land ist im Zentrum von Europa, daß dort Millionen verschiedener Menschen wohnen, setzt sich meine Vorstellung von den Deutschen nur aus zwei konkreten Gestalten zusammen – aus Kaspar Schlich, dem Helden aus dem Kinderbuch von Wilhelm Busch über Plisch und Plum, und einem Bekannten, dem lettischen Greis, mit dem Namen Diz.

Kaspar Schlich ist ein dicker Langsamdenker mit einem Hut, der ihm bis über die Augen geht, und einer Pfeife zwischen den Zähnen. Die Hunde Plisch und Plum und die Frechdachse Paul und Peter treiben mit dem vertrauensseligen Kaspar allerhand Schabernack.

Diz, zu Hause nannten wir ihn zärtlich Dizlein, war Kaspar Schlich äußerst ähnlich. Sogar den Hut setzte er genauso auf. Er kam ein- oder zweimal im Monat zu uns, holte aus der Tasche einen Hammer, eine Handvoll winziger Nägel und Lederreste und machte sich sofort daran, meine Halbschuhe und Mamas offene Sandalen auszubessern. Er war Schuster, ein alter Freund der verstorbenen Großmutter. Russisch sprach Diz mit Akzent. Ich hörte, daß er aus der Gegend von Riga stammte, trotzdem hielt ich ihn für einen Deutschen. Da er nun mal Kaspar Schlich ähnlich war, hieß das, er ist Deutscher.

Diz mochte ich sehr gern, und ich wartete auf seine Besuche. Mit dem Hammer klopfend erzählte er mir die schönsten Geschichten und flüsterte dann: »Ich habe dort, im Korridor, glaube ich, ein kleines Päckchen mitgebracht ...«

Dizlein ist Deutscher. Aber die, die Leningrad bombardieren, sind auch Deutsche. Und die, die hinter meiner Mutter hergejagt sind in diesem Nowgorod, auch. Und Mama fürchtete am meisten, ihnen in die Klauen zu geraten, diesen Gewalttätern. Genau so hat sie mir das am Morgen nach ihrer Rückkehr erzählt – »Klauen«, »Gewalttäter«. Ich male mir ein schreckliches Bild aus: Eine Menge von bis an die Zähne bewaffneten Banditen, Piratentücher auf den Köpfen, durch Grimassen entstellte Gesichter.

»Im Hof sagt man, die Deutschen werden bald Leningrad einnehmen«, teilt Iroschka mit.

Einnehmen? Ich bin so überrascht von dieser Nachricht, daß ich mit den Füßen auf das Sofa krieche, mich von Tante Julia mit der Nackenrolle abgrenze und lange schweigend dasitze. Man muß begreifen, durchdenken, für sich eine Entscheidung treffen.

Die Deutschen nehmen Leningrad ein! ...

Ich sehe die stille leere Stadt. Auf den Flanierstraßen der Vasilij Insel bewegen sich in geschlossenen Reihen, wie die

Weißen, die ich im Kinofilm »Čapajev« gesehen habe, die Deutschen, die mit scharfen Krallen versehenen Klauen nach vorne gestreckt und die Raubtierzähne gefletscht. Ein besonders abstoßender kommandiert: »Eins, zwei, drei! Eins, zwei, drei!«

Die Deutschen nisten sich unter den Torbögen ein, dringen in die Hauseingänge, brechen Wohnungstüren auf. Wohin sollen wir uns denn vor ihnen flüchten? Wo Mami verstecken, Papi, Tante Julia ... Die Erwachsenen könnten sich im Schrank versammeln, und ich ... Ich krieche unter das Sofa. Nur die Füße werden herausragen. Sie finden uns! Trotzdem werden sie uns finden! Und wenn wir uns nicht verstecken, sondern hinter der Türe verbergen mit irgend etwas Schwerem in den Händen? Zum Beispiel mit einer gußeisernen Pfanne? Und schlagen alle Deutschen hintereinander nieder? Wenn man jedem Bewohner eine Pfanne in die Hand gibt – das wäre doch schon etwas! ... Aber die Angst hört nicht auf. Ich klopfe bei Iroschka. Sie sieht auch niedergeschlagen aus.

»Lügen die im Hof?« frage ich hoffnungsvoll.

»Natürlich lügen sie«, willigt Iroschka freudig ein. »Sie sind Panikmacher, die gibt es überall.«

Uns wird es leichter zumute.

Am nächsten Sonntag kommt Diz. Ich werfe mich ihm zur Begrüßung in die Arme. »Nimm schnell den Hut ab! Und die Handschuhe!«

Ich zerre den alten Mann ins Zimmer zum Licht. Aufmerksam schaue ich in sein Gesicht, auf die Hände – seine sind groß, mit kurzen Nägeln. Laut schreie ich, damit Tante Julia – sie ist in der Küche – es hört: »Zu uns ist der Letten-Onkel gekommen! Dizlein! ...«

Wir bleiben

Kurz vor dem Ausbruch des Krieges war Vater vom Trittbrett der Straßenbahn gefallen und mit voller Wucht auf dem Rücken aufgekommen. Die Verletzung war schlecht geheilt und verursachte Schmerzen an der lädierten Wirbelsäule. Die medizinische Kommission – denn ins Kriegskommissariat war Vater sofort am ersten Tag des Krieges gelaufen – hatte ihn nach der Untersuchung nach Hause geschickt.

Aber Vater hat trotz allem vor, erneut in den Krieg zu gehen. Ich muß zugeben, ich bin nicht sehr betrübt. Sogar froh. Denn am Revers von Papas alter, verblichener Sommerjacke ist ein Abzeichen »Woroschilowski-Schütze«[8]. Er hat es sich während der militärischen Sommerlager vor drei Jahren verdient. Ich bin sehr stolz auf dieses Abzeichen, und Iroschka beneidet mich offensichtlich. Und jetzt triumphiere ich – er ist jemand, und der »Woroschilowski-Schütze« wird es den Faschisten zeigen! Denn er trifft immer ohne Fehlschlag!

Ich helfe Vater den Rucksack herzurichten. Mama näht eilig noch ein paar Knöpfe an. Aber plötzlich verharrt sie unbeweglich, nachdem sie die Hand mit der Nadel hat sinken lassen. Ich sehe mit Erstaunen, daß sie weint. Hm ... muß ich auch weinen? Ich heule. Mama wischt sich augenblicklich ihre Tränen weg und macht sich erneut an die Knöpfe.

Vater kam doch nicht in den Krieg. Sie haben ihn wieder nicht eingezogen – schon kategorisch stellten sie ihm die »weiße Karte« aus. Er kam aus dem Kreiskommissariat zurück, schleuderte den Rucksack in die Ecke und legte sich für längere Zeit auf das Sofa, was immer ein schlechtes Zeichen war. Mama kochte ihm starken Tee und – es gibt keine

---

[8] Zum Teil schon an der Universität im Militärunterricht ausgebildete Scharfschützentruppe.

Zufälle! – brachte ihn auf dem kleinen Tablett ihm direkt »ans Bett«. Im allgemeinen verwöhnte sie uns nicht ...

Nach einigen Tagen kam Vater außer Atem ins Zimmer gerannt und warf zwei Papiere auf den Tisch. »Olga, Lenka, eine halbe Stunde Vorbereitungen zur Abreise! Nur das Notwendigste! Und *ENSE, ENSE*, das Wichtigste, vergeßt es nicht.«

Mama, die meine Strümpfe stopfte, hob die Augen: »Was? Wohin?«

»Olga, ich bitte dich, beeil dich! Der Massentransportzug wird in drei Stunden abgehen. Plätze konnte man nur mit großen Schwierigkeiten bekommen. Die Evakuierung hört auf – in den Osten fahren die letzten Züge ab. Weiß der Teufel, was auf den Bahnhöfen vor sich geht. Los geschwind. Ich helfe. Ihr fahrt beide. Ich bleibe da.«

Mama zuckte nicht einmal mit der Wimper – es schien, daß sie die Antwort schon im voraus fertig hatte. »Nirgends fahre ich hin. Hier bin ich geboren, und hier, wenn es so sein soll, komme ich um.«

Vater ist lange aufgebracht, stampft sogar mit dem Absatz auf den Boden: »Dein ewiger Fatalismus! Lena, überrede du wenigstens deine unmögliche Mutter!«

Aber ich bin immer komplett auf der Seite meiner unmöglichen Mutter. Und so bleiben wir. Das ist beschlossen.

Papa geht in das andere Zimmer und schlägt die Tür hinter sich zu.

Die Premiere, die nicht stattfand

Vater ist nicht zu Hause. Er hat Dienst im »Haus der Laienkunst«, wo wichtige Lesungen stattfinden. Mama und ich sind allein. Das Fenster ist dicht mit Vorhängen verhängt. Es brennt die Tischlampe. Mama erfüllt ein lange ge-

gebenes Versprechen: Sie hilft mir ein Puppentheater zu machen. Ein Schuhkarton soll als Bühne dienen.

Aus grünem Papier schneiden wir die Bäume aus, mit akkuraten runden Kronen, und passen sie der ersten Szene an: Die Handlung wird im Wald spielen. Für den Hintergrund nehmen wir ein Stück eines blauen Hefteinbandes. Das ist der Himmel. Dann kleben wir ein kleines Haus zusammen und machen uns daran, aus Plastilin die handelnden Personen zu kneten – die Ziege und sieben Geißlein und auch den grauen Wolf. Als aus dem Klumpen Plastilin schon die zwei Wolfsohren herausragen, erkläre ich bestimmt: »Keine Wölfe! Wir kneten … einen Deutschen. Er macht mehr Angst.« Nachdem Mama geseufzt und geschmunzelt hat, ist sie einverstanden mit einer solch neuen Deutung des alten Themas. Das Stück werden wir nun »Fritz und die sieben Geißlein« nennen. Wir fangen mit den Proben an. Mama – sie ist anfangs die Ziege – singt mit dünner Stimme: »Kinderchen, Geißlein! Ich gehe in den Wald, um etwas Milch aufzutreiben. Und ihr sitzt still und laßt niemanden herein.«

»Ha, ha! Etwas Milch …«, denke ich für mich. »Interessant, wo wird sie die hernehmen?« Milch gibt es in der Stadt schon lange nirgends mehr, und ich vergesse schon ein bißchen ihren süßlichen Geschmack. Aber es ist ja ein Märchen … Ich spiele alle sieben Geißlein gleichzeitig. Ich piepse auf verschiedene Art und Weise: »Auf Wiedersehen liebe Ziegenmutter! Gute Reise! Hab keine Angst, die Kinder-Geißlein werden gehorchen!«

Wie schade, daß Papa fehlt! Er ist doch unser Artist, unser Vorleser – traumhaft könnte er uns den Fritz spielen. Da braucht man nämlich zuerst einen groben männlichen Baß und dann ein echtes Ziegenmeckern. Für diese finstere und schwierige Rolle wird Mama genommen. Sie schlägt zuerst mit den Knöchelchen der abgewinkelten Finger gegen den

Boden – das heißt gegen die Tür der leichtgläubigen sieben Geißlein: Tok-tok-tok! Tok! Tok!!! Dann werden die Schläge lauter, Fritz dringt gewaltsam in die Hütte ein, schon kracht die Tür unter dem Druck …

Wie schrecklich! Meine sieben Geißlein verwandeln sich plötzlich in erbärmliche Angsthasen. In die Klauen des Deutschen geraten? Nein! Um nichts auf der Welt! Die Tränen schießen mir in die Augen, ich werfe mich zu Mama und verstecke meinen Kopf irgendwo unter ihren Arm.

»Was hast du denn, Lenka? Du Dummerchen!«

»Liebe Mama, hör auf, nicht weitermachen! Es soll doch einfach nur ein Wolf sein! …«

»Ruhig, mein Mädchen, ruhig …«

Unsere Premiere fand nicht statt!

Nächtlicher roter Schein

Die ersten Tage im September. Es ist noch sehr warm. Die Pappeln auf dem umgegrabenen Platz auf der »Siebten Linie« sehen noch ganz sommerlich aus, nur hier und da schauen ein paar gelbe Blätter hervor.

Die Nächte bleiben schwül.

Eines Nachts wachen wir vom Lärm auf. Luftangriff. Nun, was soll's. Wir sind inzwischen daran gewöhnt. Papa macht zwar einen schwachen Versuch, uns trotzdem in den Luftschutzkeller hinauszutreiben, aber Mama dreht sich nur auf die andere Seite und stellt sich schlafend. Ich strecke Vater die Zunge heraus, dafür bekomme ich einen leichten Klaps. Die Explosionen werden immer häufiger. Das Haus wird erschüttert. Das Heulen der Sirenen, das dumpfe Getöse der Flugzeuge … Unsere? Man hört, wie die Flugabwehr abgehackt antwortet. Sie ist nicht sehr weit von uns, am Uferkai der Newa, aufgestellt.

»Was für eine Nacht«, sagt Papa.

Nachdem er das Licht gelöscht hat, schlägt er die Vorhänge zurück und schaut auf die Straße. Das dunkle Zimmer wird sofort durch ein beunruhigendes Licht erhellt. »Olga, komm mal her«, ruft Papa eilig. »Schau!«

Mama und hinter ihr ich, beide im Nachthemd, eilen zum Fenster. Was passiert mit Leningrad! So etwas gab es noch nie. Der ganze Himmel war von einem gewaltigen roten Schein erfaßt, alle blinden Fenster und die Hausdächer warfen das purpurrote Licht zurück.

»Das ist unglaublich!« sagt Vater erschüttert. »Ich werde es mir niemals verzeihen, daß du und Lenka dageblieben seid!«

Gegen Morgen kroch durch die geöffnete Fensterluke ein merkwürdiger Geruch in die Wohnung. Als ob man in der Nähe Zuckerhähne auf einem Stäbchen kocht und sie dauernd anbrennen läßt. Die Nachbarn haben sich in der Küche versammelt. Einer von ihnen brachte schon Neuigkeiten aus der Bäckerei: Es brennen die Badaew-Speicher.

»Dieser Gestank, merkt ihr?« bricht Iras Mutter das allgemeine Schweigen. »Das ist Zucker, der brennt.«

»Was wird nun werden?« fragt Tante Julia niedergeschlagen.

Auf diese Frage kann niemand antworten ...

Und bald taucht in der Welt das Wort »Blockade« auf und wird Wirklichkeit. Leningrad ist umzingelt.

Wo ist die Lehrerin?

Ich werde eingeschult. Sachlich, ohne große Feierlichkeiten. Die Schule befindet sich um die Ecke, im Keller des Studentenwohnheims. Die ersten und zweiten Klassen werden Schulter an Schulter an lange Tische gesetzt, in einem

Raum – es ist keine echte Schule, sondern eine »Kriegsschule« im Luftschutzkeller. Wir, die Kinder, verstehen das und sitzen demütig da.

»Liebe Kinder, wir gratulieren euch zum Beginn des Schuljahres«, sagt die Lehrerin freundlich, »laßt uns beginnen …«

Wir Erstkläßler bemühen uns jeden Tag, nicht zu spät zu kommen, und eilen etwas früher in die Schule. Eines Morgens bleiben wir erschrocken stehen. Was ist das? Aus den niederen Kellerfenstern quillt schwarzer Rauch, beim Eingang laufen die Erwachsenen aufgeregt hin und her. Ein direkter Treffer! …

»Geht, geht hier weg, Kinder. Geht nach Hause, hier könnt ihr nicht mehr rein!«

»Und wo ist unsere Lehrerin?«

Die Erwachsenen schweigen, wobei sie in die Rauchschwaden schauen.

Ich kann mich weder an das Gesicht noch an den Namen meiner ersten Lehrerin erinnern. Nur ihre Stimme klingt schon ein Vierteljahrhundert schwach und zärtlich zu mir herüber: »Laßt uns beginnen …«

Die Nachbarn

Mit meinem Lernen ist es vorbei. Ich sitze zu Hause. Es ist langweilig. Früher ging ich oft zu Iroschka spielen, aber jetzt hat es Agnija Stepanowna darauf abgesehen, mich immer wieder schnell hinauszuwerfen, und schließt sogar die Tür von innen ab. Irinas Familie – das sind die »rechten« Nachbarn. Sie haben ein großes Zimmer, das mit blauen Tapeten mit goldgfarbenen Sternen beklebt ist und wo es viel Interessantes gibt. Es gibt zum Beispiel das gelbe Fell eines seltenen Polartiers – einer Ringelrobbe. Es ist auf dem Parkett ausgebreitet. Das Fell ist mit einem wollenen Tuch abgefüttert. Im Zimmer steht auch ein Spiegelschrank, und darin befindet sich das Festkleid von Agnija Stepanowna aus grünem Samt, welches mir Irka manchmal voller Stolz zeigt. Ihr Vater, Pjotr Jakovlewitsch, kommt immer spät nach Hause, und sie beide – Mutter und Tochter – warten den ganzen Tag auf diesen Moment und fürchten sich davor. Die schöne und runde Agnija Stepanowna kann ausgezeichnet kochen. Vor noch gar nicht langer Zeit, vor dem Krieg, hat sie mich oft bewirtet – mal mit Pilzsuppe, mal mit Powidelpiroggen. Jetzt gibt es keine Bewirtung mehr. Ehrlich gesagt, ich sehe an Irkas Augen, daß sie nach wie vor nichts dagegen hätte, mit mir irgend etwas Köstliches zu teilen, aber sie fürchtet ihre Mutter. Na, ist ja egal, entscheide ich: Ich werde jetzt nicht einmal mehr sehen, wie sie essen. Einstweilen fällt mir diese Entscheidung noch leicht.

Die »linken« Nachbarn bestehen aus Pascha, dem hinkenden Architekten, der nie zu Hause ist, und Njura, die das kleinste Zimmer in der Wohnung bewohnt. Njura geht uns allen etwas aus dem Weg. Sie trägt eine rosa Bluse aus Crêpe Georgette mit einem Band auf der Brust und grobe weiße Socken. Sie hat silbern glänzende Zähne und trägt vergoldete Ohrringe. Njura hat oft Besuch von Gästen, die aber nur kurz bleiben. Dann legt Papa die Geige weg und verschwindet mit den Worten »Jetzt spielst du aber nicht« ins Badezimmer, um einen Film zu entwickeln: Außer für die Geige begeistert er sich auch für die Fotografie. Njura unterscheidet sich von den anderen darin, daß sie es immer wieder fertigbringt, keinen fremden Topf ohne Streit zu benutzen, sich einen Lappen von »unserem« Tisch zu verschaffen oder sich »nicht ihren« Tee einzugießen. Mama verhält sich nachsichtig dieser Schwäche Njuras gegenüber. Agnija Stepanowna aber droht, Njura beizukommen.

Dicker Fladen aus Kaffeesatz

Die Badaew-Speicher, die Badaew-Speicher ...!

Die Regale der Lebensmittelgeschäfte, Bäckereien, Metzgereien und Kolonialwarenläden haben sich geleert. Nur die Vitrinen schmücken, nach wie vor Appetit anregend, verführerisch Attrappen von Pralinenschachteln, Piroggen, Torten, Schinken, einzelnen großen Fischen und Attrappen rosaner Ferkel. Die Ferkel mit ihrem selbstgefälligen Lächeln strecken den Vorbeigehenden runde flache Schüsseln entgegen mit beigefarbenen schweinernen Würstchen, die in Wirklichkeit völlig aus dem Verkauf verschwunden sind.

Genauso selbstverständlich wie die Luftangriffe werden in unserem täglichen Leben Lebensmittelkarten. Die von den Eltern sind grün, sie sind »Angestellte«. Tante Julias Karte ist gelb – das läuft unter »zu Unterstützende«. Meine ist rosa, eine »Kinder«-Karte. Die Lebensmittelmarken sind in Quadrate aufgeteilt, in denen sich schwarze Ziffern abheben: 50, 100, 150, 200, 300 ... Das sind die Grammangaben für Brot, Zucker, Getreide. Wenn man die neuen Karten anschaut, scheint es, daß diese Grammangaben eine Unmenge sind. Aber wenn man sich im Geschäft die Waren geben läßt, haben sie im Beutel fast kein Gewicht ...

Die Kärtchen sind in unserem Haus jetzt eine wichtige Sache. Sie werden unter Verschluß gehalten, in einer polierten Eichenschatulle – noch eine Arbeit von Großvater. Ich soll sie nicht berühren. Papa auch nicht. Die Kärtchen werden von Tanta Julia und Mama verwaltet.

Irgendwie völlig unbemerkt sind unsere Linsen verschwunden. Danach die Stärke. Aus ihr hatte Mama einst kleine klebrige, mit Quark und Beeren gefüllte bläuliche Pasteten gemacht. Und ich – die einstige Nörglerin – aß sie und lobte sie nur. Mich quälte jetzt oft im nachhinein großes Bedauern. Man denke nur: Vor dem Krieg habe ich Kotelett und gebratene Kartoffeln glattweg abgelehnt! Es kam vor, daß ich absichtlich lange in meinem Teller herumstocherte und darauf wartete, daß die Erwachsenen in die Küche gingen, um das Geschirr zu waschen. Sie gingen raus, und ich packte das Kotelett – das heiße! gerötete! saftige! echte! aus Fleisch! – und stopfte es unter das Sofa. Zu Hause vermehrten sich die Mäuse, und auf der Suche nach ihrem Versteck wurde das Sofa einmal von seinem Platz gerückt – und natürlich entdeckten sie meine Streiche. Br-r-r-r! Es ist schrecklich, sich an das zu erinnern! Und ich habe es verdient, daß es schrecklich war. Schade, daß nichts in den Ecken übriggeblieben ist!

Jetzt muß mich keiner mehr überreden zu essen. Im Nu verzehre ich bei Tisch meine Portion, die mit jedem Tag kleiner und kleiner wird.

Was soll man zum Mittagessen kochen? Was zum Abendessen? Mit was zubereiten? Wo soll man etwas hernehmen, aus dem man Mittagessen und Abendessen kocht? Diese Fragen löst Mama immer schwerer. Sorgfältig werden die seltenen Schalen der so seltenen Kartoffeln aufgehoben. Die gewaschenen, zermahlenen und gekochten Schalen sind recht gut. Der Kaffee aus der *ENSE* ist schon lange ausgetrunken. Auch aus Kaffeesatz gab es schwarze, bittere ausgebackene Fladen. Wir haben damit die Nachbarn bewirtet. Agnija Stepanowna hat »dieses ekelhaftige Zeug« kategorisch abgelehnt: Bei ihr ist echtes Mehl vorhanden. Und Njura probierte und bot uns im Gegenzug irgendeine nie dagewesene Sülze an – trübe und übel riechend, um es nicht noch stärker auszudrücken ...

»Aus was ist das, Njura?« fragt Mama mißtrauisch, indem sie ein Stückchen probiert.

»Aus was, aus was! Aus Tischlerleim, jetzt wißt ihr, aus was«, grinst Njura. »Na und? Immerhin ein Hauch von Fleisch.«

Danach überreichte sie uns eine gewellte braune Platte Klebstoff. Diese, so erklärte die »linke« Nachbarin, muß man in kleine Stücke zerbröckeln, mit Wasser bedecken und lange kochen. Das ergibt ganze drei Teller Sülze.

»Nehmt, nehmt, geniert euch nicht, stärkt eure Männer«, sagte Njura, während sie in ihr Zimmer ging.

Das Hauptfach

Ich gehe aufs neue zur Schule. Aber in eine andere – genauer: in einem anderen Luftschutzkeller. Ich muß früh aufstehen – um sieben Uhr morgens. Jeden Tag wache ich mit ein und demselben Gedanken auf: Wird mir Mama heute Frühstück mit in die Schule geben oder nicht? Noch im Bett liegend sehe ich, wie sie das Buffet öffnet, die gelbe Tasche mit der *ENSE* hervorholt, lange darin herumsucht, wobei sie mit dem Pergamentpapier raschelt. Wenn ich ehrlich bin, in Mamis Abwesenheit habe ich nicht nur einmal in diese geheime Tasche geschaut und weiß, daß außer den Papieren dort schon lange fast nichts mehr ist.

»Hier, steck das in deine Schultasche«, sagt Mama endlich und überreicht mir ein Päckchen von der Größe einer Streichholzschachtel. Was ist darinnen? Eigentlich ist das für mich kein Geheimnis: ein Keks »Maria« und ein Stück Schokolade so groß wie eine Briefmarke.

»Iß es nach der dritten Stunde«, befiehlt Mama mir streng. »Nicht früher, hast du gehört? Versprich es mir!«

Ich bringe eine verstellt ehrliche Miene zustande. Aber insgeheim warte ich, während ich eilig meine Zöpfe flechte, ungeduldig auf den Moment, wo ich auf die Straße hinausspringen kann, um gleich dort, ohne noch bis zur nächsten Straßenecke zu laufen, mein Schulfrühstück zu verschlingen.

In der Schule ist es feucht, kalt, dunkel und eng, aber belebt und sogar lustig. In der Pause werfen die Jungens »Messerschmitts«[9] aus Papier und schießen sie mit ihren kleinen Schleudern selbst ab.

»Kch-kch-kch! Kch-kch-kch!«

So macht die »Fliegerabwehrartillerie«, welche sich in der hintersten Ecke unseres Klassenzimmers befindet. Die Flakartilleristen schießen ohne Fehlschuß.

»Ja, getroffen, Scheusal! Hurra!« schreien wir begeistert, indem wir den Sieg feiern. Viele von uns haben schon einmal einen Luftkampf am Leningrader Himmel gesehen, und wir kennen uns damit aus.

Das Hauptfach bei uns in der Schule ist jetzt »Örtliche Fliegerabwehr«. Wir wissen schon, wie eine »Brandbombe« zu löschen ist. Zum Beispiel: Du hast gerade Aufsicht für das Hausdach, plötzlich bricht durch das Dach eine »Brandbombe«. Da liegt sie auf dem Dachboden. Auf keinen Fall darf man jetzt die Fassung verlieren, sondern muß in die eine Hand eine spezielle Zange und in die andere ein Sperrholzschild nehmen. Und – seitwärts sich der Bombe nähern. Danach, – hopp! – drücke ihren Schwanz mit der Zange – und ab in einen Kübel mit Wasser! Die »Brandbombe« läßt ein schlangenartiges Gezische los, das Wasser spritzt in alle Richtungen, aber man braucht sich gar nicht zu fürchten, das Schlimmste ist dann schon vorbei.

Wir üben den Zweikampf mit der Bombe. Besonders gut klappt es bei Volik Skvorzov. »Ei- eins, zwei-ei, drei-ei!« spricht der weißblonde Volik dazu, wobei er seine Arme vor der Tafel hin und her schwingt. »Alles! Fertig!«

Uns scheint es, daß wir mit eigenen Augen und Ohren das Zischen der gelöschten »Brandbombe« sehen und

[9] Synonym für alle deutschen Kampfflugzeuge.

hören. Vor lauter Begeisterung möchte ich in die Hände klatschen, aber ich beherrsche mich. Skvorzov verachtet alle Mädels, und meine Begeisterung könnte mir nachher dann teuer zu stehen kommen.

Zu Hause flehe ich die Eltern an, mir zu erlauben, auf dem Dach Dienst zu tun. Aber Papa runzelt nur ärgerlich die Augenbrauen, und Mama mag »diese Themen« einfach nicht hören, geschweige denn sie besprechen.

»Du bist noch zu klein!« sagt sie, während sie sich selbst aufmacht, um Dienst zu tun. »Lerne ordentlich, mehr wird von dir einstweilen nicht verlangt.«

Vater zieht seine Schirmmütze auf und folgt Mama auf den Dachboden, und ich schnaufe beleidigt einige Male laut durch die Nase. Gut, da gibt es nichts zu sagen! Sollen sie selbst auf dem Dach rumstehen, solange es ihnen gefällt, obwohl doch gerade ich speziell in der Schule gelernt habe, »Brandbomben« zu fassen. Ich habe sogar in diesen Tagen im Fach »Örtliche Fliegerabwehr« ein »Ausgezeichnet« bekommen. Offen gesagt, ist dies bisher das einzige »Ausgezeichnet«. Ich kann irgendwie immer noch nicht mit der Gasmaske umgehen. Die graue Maske mit dem langen Rüssel und den runden Bullaugen will mir nicht gehorchen. Mir gelingt es nicht, sie aufs erste Mal schnell über das Gesicht zu ziehen. Das Gummi zerrt so an den Haaren, daß es wehtut, die Bullaugen beschlagen sich. Die anderen sitzen in ihren Masken da, als wenn nichts dabei wäre, und ich fange im selben Augenblick an, fast zu ersticken, und reiße sie herunter.

»He, Komarovskaja!« sagt unser Lehrer Pjotr Konstantinowitsch, ein kleiner kahler Greis, streng. »So geht das nicht! Fang nochmal von vorne an. Mit zwei Fingern jeder Hand fassen wir die Maske an, ziehen sie auseinander, stecken das Gesicht in den Helm ... Was ist?!«

Ich fasse das rutschige, ekelhaft stinkende Gummi an, stecke das Gesicht hinein, aber die Maske sitzt trotzdem schief, nicht so, wie es sein soll. Dann holt Pjotr Konstantinowitsch aus seiner Brusttasche ein vierfach gefaltetes Blatt Papier der »Leningrader Prawda« und liest laut den Befehl an alle Bürger, die Gasmaske bei sich zu tragen und sie benutzen zu können, vor.

»Hörst du, Komarovskaja?!«

Ich habe nichts dagegen, die in Tarnfarben gehaltene Tasche aus Zeltplane mit der Gasmaske auf der Schulter zu tragen – sie verleiht einem ein tapferes »kriegerisches« Aussehen, aber die halbe Unterrichtsstunde in dieser Maske dazusitzen ... Kaum daß sich Pjotr Konstantinowitsch abwendet, ziehe ich das Gummi am Kinn weg und versorge mich mit einem Zustrom frischer Luft.

Der Lehrer bemerkt gewöhnlich meinen Kniff.

»He, Komarovskaja! Du versuchst mich zu betrügen?«, knirscht Pjotr Konstantinowitsch. »Ich gebe dir ein ›Genügend‹ mit zwei Minus!«

Minus bekommen auch noch einige andere Kinder. Wir Unglücksraben beneiden offen Volik Skvorzov – er hat ein »Ausgezeichnet« nicht nur im Kampf mit der Brandbombe, sondern auch bei der Gasmaske. Noch einige haben Glück!

Aber eines Tage ist Voljka nicht in der Schule. Er ist einen Tag nicht da, zwei, drei, eine Woche ... Pjotr Konstantinowitsch fragt uns: »Was ist los mit dem Skvorzov? Na? Kinder, hat niemand von euch bei ihm zu Hause vorbeigeschaut?«

Aber wir kennen uns gegenseitig noch wenig und haben nichts über Volik gehört.

»Man muß ihn aufsuchen«, entscheidet der Lehrer. »Wer kommt mit mir mit?«

Es gibt viele, die wollen.

Das Haus von Voljka ist auf dem Mittleren Prospekt. Ein sechsstöckiges, gelbes Haus, an der Fassade teilweise mit Keramikkacheln verkleidet. Solche Häuser gibt es viele auf der Vasilij Insel. Wir läuten, indem wir der Reihe nach auf den weißen Porzellanknopf der Glocke drücken. Lange öffnet niemand. Schließlich wird die Türe halb geöffnet. Im Vorzimmer herrscht Dunkelheit, und wir können nicht gleich auf der Schwelle eine kleine Gestalt ausmachen. Dieses kleine Kind ist ungefähr fünf, wahrscheinlich Voliks Brüderchen.

»Grüß dich«, sagt Pjotr Konstantinowitsch freundlich. »Wir sind gekommen, um zu erfahren, warum Volja Skvorzov nicht in die Schule geht. Ist er krank? Das Kleinchen antwortet nicht sofort. Es kann die Buchstaben »r« und »l« nicht aussprechen.

»Mama hat Voja begaben ...«

»Was?!! Das kann nicht sein!!!«

»Bega-aa-ben«, sagt langzogen das Bübchen. »Ee hat eine Bandbome geöscht ... Ee hat sich stak vebannt.«

Pjotr Konstantinowitsch bedeckt seine Augen mit der Hand. »Geht, Freunde, jeder nach Hause ..., geht«, spricht er zu uns mit veränderter Stimme. »Ich muß hier bleiben ...«

Robinson Crusoe

Auch in die neue Schule ging ich nicht sehr lange. Bald wurde bekanntgegeben, daß der Unterricht vorübergehend ausfallen muß. Mein ganzer Stolz, die neue Tasche aus Schweinsleder mit glänzenden metallenen »Ecken« – Papas Geschenk zu meinem letzten Geburtstag noch vor dem Krieg – wird in den Schrank geräumt.

»Aber die Hefte und Bücher lassen wir auf dem Schreibtisch«, sagt Mama.

»Warum?«

»Wir werden weiter lernen.«

Von dieser Zeit an gibt es jeden Abend zwei, drei Stunden Arithmetik, Lesen und Schönschreiben. Das Leben wird schwierig. Mama hat ihre eigene Art des Unterrichtens, Nachsicht ist ihr nicht bekannt. Wenn sie mir die Aufgabe erklärt hat, geht sie in die Küche oder in das andere Zimmer, um ihrer eigenen Beschäftigung nachzugehen. Und ich darf nicht von meinem Platz aufstehen, bevor ich nicht gemacht habe, was im voraus festgesetzt wurde. Selbst wenn ich etwas nicht verstehe, ist es sinnlos, sich an Mama um Hilfe zu wenden.

»Mama, ich kann diese Zahlen nicht zusammenzählen!«

»Warum?«

»Kann ich eben nicht.«

»Du mußt es aber können, alles ist erklärt worden.«

»Los, Mama! ...«

»Zerbrich dir, zerbrich dir den Kopf. Das ist gesund!«

Sie hat leicht reden! Aber mir gefällt es überhaupt nicht, mir den Kopf »zu zerbrechen«. Bittere Tränen hängen sich an meine Wimpern, kriechen kitzelig an der Nase entlang und tropfen auf das Heft – bilden verwaschene lila Flecken. Ich hoffe, daß es Mama leid tut. Aber nichts dergleichen!

»Neu schreiben!«

Oh weh! Rettung suchend, werfe ich einen flehenden Blick zu Vater. Aber er macht nur eine hilflose Bewegung mit den Armen. In Wahrheit blinzelt er mir verstohlen und dabei ermutigend zu.

Das Lesen dringt in mein Gehirn genauso energisch ein wie die Arithmetik. Dabei fällt es mir, ehrlich gesagt, etwas leichter – den Silben nach kenne ich die Wörter schon seit ich ungefähr sechs Jahre alt bin. Aber eine Sache ist es, kurze Titel unter Bildern zu lesen – und das noch mit der Hilfe von Tante Julia –, eine andere, über einer ganzen Seite aus einem dicken Buch zu schmachten, die obendrein noch in so einer kleinen Schrift gedruckt ist! Aber Mama ist nach wie vor unerbittlich: »Du rührst dich nicht von deinem Platz, solange du nicht bis hierhin gelesen hast! Dann erzählst du mir den Inhalt.«

»Na gut« – denke ich für mich, indem ich Mama finster anschaue – »du gehst aus dem Zimmer, und ich bitte Papa, schnell mit mir das Aufgegebene durchzulesen!«

Aber nachdem Mama meine Gedanken aufs Wort erraten hat, schickt sie Vater zum Holzhacken weg.

Noch vom letzten Winter, dem vor dem Krieg, haben wir im Hof einen halben Kubikmeter Kiefernklötze. Es ist Zeit, sich an sie ranzumachen – die Kälte kommt näher.

Papa geht. Mich ergreift Hoffnungslosigkeit.

Ich ziehe die Zeit in die Länge, langweile mich. Dann, mit Müh und Not, ergründe ich den Text. Und so ist es fast jeden Tag ...

Als mich schon allein der Anblick eines Buchdeckels zum Schaudern bringt, überreicht mir Mama feierlich einen zerfledderten Band, den sie aus der Institutsbibliothek mitgebracht hat.

»Zehn Seiten«, befiehlt sie.

»Ro-bin-son Cru-soe«, lese ich die etwas verblaßten Buchstaben auf dem ausgefransten Buchdeckel.

Ungern, absolut ungern bewältige ich die erste Seite, die zweite, die dritte ...

»Na, hast du dein Pensum durchgelesen? Reicht es für heute?« fragt Mama nach einer Stunde hinterlistig.

»Nei-ein, noch nicht durchgelesen«, lüge ich. Und bin eigentlich schon dabei, mich an die fünfte Seite heranzumachen. Vor lauter Ungeduld ziehe ich mich selbst ab und zu an den Zöpfen. Kommt Robinson etwa um? Schneller, schneller vorwärts! Und woher nehme ich das plötzlich? Ich lese wie geschmiert, ohne zu stocken, ohne etwas zu verdrehen, ohne steckenzubleiben in den langen Wörtern!

Es ist Zeit, Tee zu trinken. Auf dem Tisch klirren die Gläser. Brot wird geschnitten! Ich bemerke nichts. Mama gibt mir heimlich einen Teller, stellt ihn neben die Tasse. Alles schweigend. Es wendet sich keiner mit irgendeinem Gespräch an mich. Und ich – bin ganz im Rausch!

Ein seltener Fall: Die Eltern legen sich früher als ich schlafen!

»Darf ich noch etwas lesen, ja?« frage ich mit den Augen. Für Worte habe ich jetzt keine Zeit.

»Lies, Töchterchen, lies«, lächelt Vater und zwinkert – jetzt nicht zu mir, sondern zu Mama.

Und ich lese, lese, lese – beim Licht der grünen Tischlampe, im vom Traum erfaßten Zimmer. Übrigens, was heißt hier Zimmer? Ich bin auf einer blühenden tropischen Insel, wo wilde Blumen würzig duften, auf den Bäumen Früchte wachsen und auf den Zweigen geschickte Affen springen. Gemeinsam mit dem tapferen, erfinderischen Robinson bauen wir noch eine Hütte aus Ästen, treiben Essen auf, legen einen Garten an ... Schließlich schlafe ich ein, den Kopf auf die letzte, am Rand festgehaltene Seite gelegt ...

Der Kommandant der Festung

Tante Julia übersiedelt wieder zu sich, in die »Achtzehnte Linie«.

Sie hat eine Arbeit aufgenommen. Vor einigen Tagen rief bei uns jemand aus Tante Julias Hausverwaltung an und führte ein langes Dienstgespräch mit ihr. Als Antwort schaffte die Tante nur leise hin und wieder einzuschieben: »Ich verstehe ... Verstehe ... Ja, ja, ich verstehe ... Natürlich ... Unbedingt ... Ich komme ... Ich komme ... Wie denn ...«

Nachdem Tante Julia den Hörer aufgelegt hatte, sammelte sie kriegsmäßig schnell – innerhalb von fünfzehn Minuten – ihr Strickzeug, ihre Näharbeit, die Ersatzbrille ein und begann, sich von uns zu verabschieden. Mama wurden kurze Ratschläge gegeben, wie man das Beste aus der Situation mit den erbärmlichen Verpflegungsrationen macht, welche wir mit den Karten erhalten, mir – der ausdrückliche Befehl, auf der Straße mit größter Vorsicht zu gehen. An Papa wurde sich mit der Bitte gewandt, auf mich und Mama aufzupassen und wenigstens hin und wieder sich selbst die Hosen zu bügeln.

»Oh Gott, liebste Tante, und wie wirst du dort zurechtkommen?« stöhnt Mama. »Du bist schon keine zwanzig mehr, sondern ganze achtundsechzig!«

»Das war in Friedenszeiten, daß ich achtundsechzig war, und jetzt – achtundzwanzig«, versucht Tante Julia zu scherzen, aber ich sehe, daß sie traurig ist und es ihr leid tut, mich ohne Aufsicht zu lassen. Wir sind alle traurig: Wann werden wir uns wiedersehen? Die Tante wird als Hausmeisterin arbeiten, und das ist jetzt, wie Papa sagt, das gleiche, wie wenn man Befehlshaber einer Festung ist. Über das Radio wird aufgerufen: »Laßt uns jedes Haus kriegsbereit machen!« Tante Julia steht bevor, die Vitrine des Geschäfts mit Sandsäcken zu verrammeln, abends einen Kontrollgang durch das ganze Haus zu machen und dabei streng darauf zu achten, daß in der Verdunkelung nicht der kleinste Spalt ist ... Und das Schleppen der Wasser- und Sandfässer, die auf dem Dachboden und den Treppenabsätzen aufzustellen sind? Das Sauberhalten des Luftschutzkellers? Der Dienst auf dem Dachboden, während der Luftangriffe? ... Kurz – unsere Tante Julia wird wohl Tag und Nacht keine Ruhe haben. Die Hausmeister aus unserem Hof sind zum Umsinken müde, aber alle folgen ihnen und fürchten sie sogar. Werden die Bewohner etwa Tante Julia genau so fürchten? Ich kann mir das nur mit Mühe vorstellen; ich fürchte mich nicht im geringsten vor ihr, selbst nicht, wenn sie im Gegenzug auf mein ewiges Necken – »Der Tante Julia haben die Ratten die Zöpfe gestohlen!« – furchtbar böse wird.

»Julia, wenn irgendwas ist, ich komme, ich helfe«, sagt Papa. »Ruf an!«

»Gut, ich werde anrufen«, willigt Tantchen ein.

Aber ich weiß, daß sie nicht anrufen wird. Sie hat nie irgend etwas von jemandem erbeten – selbst von uns, den engsten ihrer Verwandten in Leningrad nicht.

Die Tante zieht ihr flauschiges graues Kopftuch an, das sie immer bei sich hat, auch bei warmem Wetter.

»Laßt uns für eine Gedenkminute hinsetzen«[10], schlägt Mama vor, als ob sie Tante Julia auf den langen Weg begleitet.

Wir setzen uns. Alle schweigen. Dann küßt Mama die Tante dreimal, und ich sehe, daß sie beide feuchte Augen haben. Papa nimmt seine Kappe – er begleitet die Tante bis zur Straßenbahnhaltestelle. Ich hänge mich an ihren Hals, und sie flüstert mir durch Tränen ins Ohr: »In deiner Schublade, im Tisch, schau nach, wenn ich weggehe ...«

Im Zimmer allein zurückgeblieben, laufe ich zum Tisch. In einer Papiertüte, auf der »Lenotschka« geschrieben ist, liegen zwei Bonbons, rote Stricksocken mit einer bunten Borte und ein neuer Einrubelschein – als Glücksbringer.

Die Ohrfeige

Mama und ich gehen früh morgens aus dem Haus. Sie eilt in ihr »Institut für Theater- und Musikgeschichte« und muß mich – die nichts zu tun hat! – mitnehmen.

Ich bin nicht gerade begeistert, da ich frühes Aufstehen nicht leiden kann. Aber Mama fackelt nicht lange mit mir

---

[10] Alter russischer Brauch vor Beginn einer Reise.

herum, und schon gehe ich mit ihr auf der »Sechsten Linie« zur Uferstraße der Newa. Ich bin noch ganz verschlafen, träge, trotte mit Mühe dahin. Und überhaupt finde ich, daß man auch nicht durch die ganze Stadt hätte zu Fuß gehen müssen, sondern bis zum Isaak-Platz mit der Straßenbahn hätte fahren können. Das hätte uns nur zwanzig Minuten gekostet, aber so werden wir über eine Stunde gehen, außerdem müde und ganz hungrig werden. Eine Tasse Tee und eine Scheibe Schwarzbrot – das ist kein sehr sättigendes Frühstück. Wenn man an das Essen denkt, befällt einen überhaupt eine gewisse Schwermut. Aber Mama gibt Schwermut nicht zu. Sie findet, daß ein Spaziergang dem Menschen Kraft gibt und daß man unbedingt ordentlich und leicht ausschreiten muß, während man der Sonne zulächelt.

»Schlurf nicht mit den Füßen, Lena! Fröhlicher! Hörst du?«

Ich gerate in Empörung: Warum ist sie nur so hartherzig? Sieht sie etwa nicht, daß ich schon müder geworden bin? Absichtlich verlangsame ich die Schritte und hänge mich an Mutters Hand.

»Ma-ma, ich bin müde.«

»Müde? Na gut ...«

Im Gehen beginnt Mama mir mein Lieblingsmärchen zu erzählen:

»Es lebte auf der Erde eine schöne Prinzessin mit Namen Schneewittchen ...«

»Schneewittchen ist mir schon langweilig!«

»Dann Froschkönig!«

»Will ich nicht! Ich kann nicht so schnell gehen!«

»Weshalb denn?«

»Ich hab dir doch gesagt – ich bin mü-de!«

Wir bleiben für eine Minute stehen. Setzen uns sogar auf irgendeine Bank. Mama lacht still in sich hinein und nimmt aus ihrer Aktentasche ein Blatt Papier, einen Stift und zeichnet schnell ein äußerst abstoßendes Wesen: Augen mit wütenden Pupillen, gespreizte Hände – dürre Beinchen und einen schlangenartigen Schwanz.

»Was ist denn das?« frage ich, während ich unzufrieden auf die Zeichnung schiele.

»Das? Deine Laune! Jetzt werfen wir sie weg!«

Mama knüllt das Papier zusammen und stopft es in einen Abfallkorb. Ich lächle gequält, und wir gehen weiter – im gleichen Tempo. Es heult eine Sirene auf. Bombenangriff. Er überrascht uns auf der »Leutnant-Schmidt-Brücke«. Umkehren? Bis zum nächsten Torbogen auf der Vasilij Insel ist es ziemlich weit. Wir müssen schnell die Brücke überqueren. Jedoch vergraben in meine schlechte Laune, denke ich irgendwie nicht an die Gefahr. Zieht mich Mama wieder an der Hand? Ich kann doch überhaupt nicht mehr! Mir fallen die Füße ab!

»Langsamer, – Mama, bitte – ich, – langsamer ...«

Und dann versetzt Mama mir mit Schwung eine Ohrfeige, packt mich am Kragen und zieht mich weiter hinter sich her. Bum!! Und noch mal – Bum!!! explodiert es direkt auf der Brücke, fast genau an der Stelle, wo ich gerade noch gejammert habe. Uns stößt kräftig die Druckwelle in den Rücken. Ein Splitter dringt in Mamas wattierte Jacke ...

Als wir nach einigen Minuten im Haupteingang eines der Häuser auf dem Kai »Rote Flotte« Schutz gefunden haben, schlagen mir die Zähne aufeinander. Während Mama mir meine Mütze zurechtrückt, sagt sie ernst: »Du bist schon eine ganz Große, aber benimmst dich wie eine Kleine. Es ist Krieg. Der Mensch darf nicht schwach werden. Stell dir vor, was jetzt mit uns wäre, wenn ich deiner andauernden Jammerei nachgegeben hätte!«

Wir gehen noch lange den endlosen, leeren »Boulevard der Gewerkschaften« entlang. Endlich sind wir angekommen, hier ist es, Mamas Institut – ein altes städtisches Einfamilienhaus mit hohen Spiegelfenstern, gegenüber der Isaak-Kathedrale.

»Lenotschka, unsere Helferin ist gekommen«, lächeln Mamas Mitarbeiter. »Kindchen, was möchtest du gezeigt bekommen?«

Es werden die Flügeltüren eines riesigen Schrankes aus rotem Holz geöffnet und von einem Regal ein schmales Futteral genommen. Darin, auf purpurrotem Samt – ein schwarz poliertes Stöckchen.

»Das ist ein Dirigentenstab«, flüstern die Tanten ehrfurchtsvoll. »Weißt du, wer mit ihm dirigiert hat? Napravnik höchstpersönlich!«

»Wer war denn das?«

»Es gab in Rußland einen berühmten Dirigenten und Komponisten, der so hieß. Er leitete das Orchester des Marinskij Theaters und schrieb die Oper ›Dubrovskij‹ … Möchtest du vielleicht auch die Mütze von Michail Iwanowitsch Glinka sehen?«

Mit ausführlichen Vorsichtsmaßregeln ließ man mich irgendein Barett halten – ein Barett aus silbrigem Brokat, besetzt mit trüben Glasperlen.

»Perlen«, sagen die Tanten.

»I-u-u! I-u-u«, heult wieder die Sirene.

Eine Minute und ich befinde mich im Luftschutzkeller auf den Knien einer Mitarbeiterin des Instituts. Mit der rechten Hand drückt sie mich an sich, mit der linken hält sie vorsichtig Glinkas Mütze …

Das Institut ist voll von neuen gelben Brettern. In Kisten mit Holzwolle und Sägespänen werden die Exponate des Musikinstrumenten-Museums verpackt. Die Kisten werden in den Keller getragen: Solch ein Museum – das einzige dieser Art im Land – muß man erhalten. Ich schlendere durch die vollgestopften Zimmer. Aus den weißen Klavizimbeln erklingen nur selten die klirrenden Saiten; kühn krümmt sich ein Jagdhorn mit silbernen Intarsien. Und hier sind die Vitrinen, in denen sich in wattierten und abgesteppten Futteralen winzige Geigen, alle aus Perlmutt, drängen; daneben stehen Zimbeln, Harfen, liegen Balalaikas und Flöten ... All das darf man anfassen, daran riechen. Mich hat man zu Hause schon ein bißchen Klavierspielen gelehrt, ich kenne die Noten und kann mit einer Hand »Im Feld eine kleine Birke stand ...« spielen. Genau das versuche ich auch zu tun, nachdem ich den Deckel des Klavizimbels aufgemacht habe. Die Mitarbeiter lächeln nachsichtig. Mama ist beschäftigt mit dem Verpacken und hört nichts.

In der Nacht bleiben Mama und ich zu zweit im leeren Institut. Mama hat Dienst, und mich kann man mit niemandem nach Hause schicken. Sie geht die Institutssäle mit den Stuckdecken, die Marmortreppen, die Zimmerflucht der Museumsräume ab – kontrolliert, ob die Kisten mit Sand in Ordnung sind, die Zangen für die »Brandbomben« auf ihrem Platz liegen ... Ich aber liege, zugedeckt mit Mamas Mantel, auf einem gestreiften kleinen Diwan. Er hat gebogene, etwas wackelige Beine. In dem hallenden Zimmer herrscht eine geheimnisvolle schwache Beleuchtung und huscht der Schein von den Scheinwerfern hindurch, welche den Himmel absuchen. Aber was ist das? Schwache, liebliche Töne von Musik sind zu hören. Oder träume ich das schon? Ich reibe mir die Augen – einmal, zweimal und plötzlich sehe ich: Ein Puppen-Hirte in einem kurzen Wams aus Atlas spielt auf einer Schalmei, geschützt durch einen ovalen Glasdeckel. Ihm hören eine festlich in Rosa gekleidete Schäferin und weiße Zicklein zu ...

Das ist Mama, die, als sie aufs Dach ging, aus dem Museum eine französische Spieluhr mitgebracht und für mich aufgezogen hat.

Allein

Die Tage sind kürzer, dunkler. November. Mama nimmt mich nicht mehr mit – im Institut ist es kalt, ich friere dort, langweile mich und gerate nur allen zwischen die Füße. Von morgens bis abends bin ich nun allein. Wenn sich Mama zur Arbeit aufmacht, seufzt sie: »Ich komme spät. Auf Vater warte auch nicht. Im Büfett gibt es etwas für dich zu essen. Sei ein kluges Mädchen.«

Kaum daß die Eingangstür zugeschlagen ist, bin ich mit einem Sprung am Büfett! Auf einem Porzellanteller steht eine bauchige »Kindertasse« mit Mehlsuppe – ein gelbes Fettgeschwabbel – und eine Scheibe Schwarzbrot, so dünn, daß man durch sie hindurchsieht. Ich weiß, man konnte mir nicht mehr dalassen. Mama und Papa haben morgens genau die gleiche Portion gegessen. Auf »Kinder«- und »Angestellten«-Karten« werden nur hundertfünfundzwanzig Gramm Brot pro Tag ausgegeben – für drei ist das ein Viertel Laib schwarzes, schweres, sitzengebliebenes Brot. Agnija Stepanowna akzeptiert so etwas nicht als Brot.

»Nur Kleie«, empört sie sich. »Kann man so was etwa essen?«

Kann man! Und ob man kann! Wenn es ihr nicht gefällt, könnte sie ihre Portion ja jemandem abgeben – mir zum Beispiel, oder Njura. Aber Agnija Stepanowna gibt nichts ab. Obwohl sie Lebensmittel, wie Vater sagt, für die nächsten zehn Jahre vorrätig hat, insbesondere Mehl und Zucker.

Wieder und wieder schaue ich ins Büfett. Soll ich meine Tagesration jetzt schon essen oder erst etwas später? Nun, ich werde sie essen. Und was dann? Ich martere mich mit quälenden Zweifeln. Ich entferne mich etwas vom Büfett, wühle in den verhaßten Spielsachen. Aber die Tasse mit dem Mehlgeschwabbel und insbesondere das Brot stehen mir immer noch vor Augen. Mit was könnte ich mich ablenken? Ich beginne das Spiel »Mutter-Tochter« mit dem Plüsch-Mischka, obwohl er am wenigsten von allen der »Tochter« ähnelt.

»So, meine Liebe«, sage ich zu dem traurigen stummen Bären, »ich werde spät kommen. Auf Vater warte auch nicht. Im Büfett gibt es für dich was zu essen …«

Blödsinn! Schon wieder dieses Büfett. Ich werde es abschließen (der Schlüssel ragt immer aus der kupfernen schmalen Öffnung und dient als Griff – der richtige Griff war nämlich abgebrochen) und gehe in das andere Zimmer. Und das mache ich auch, aber Ruhe habe ich trotzdem keine. Das Buch, das ich vom Regal hole, bin ich auch nicht in der Lage zu lesen – voll Unruhe strecke ich die Füße in die Höhe.

Und plötzlich beschließe ich: Ich werde essen! Dann werde ich wenigstens keinen Grund mehr haben, unruhig zu sein.

Beschlossene Sache. Ich trinke die kalte Suppe in kleinen Schlückchen, um den Genuß zu verlängern. Aber die glücklichen Minuten vergehen schnell, und so hungrig ich war, bleibe ich auch. Die Stunden ziehen sich hin. Dämmerung. Die Gedanken bewegen sich nur mit Mühe im Kopf. Und ich verfalle in eine Art halbschlafenden Zustand. Ich schlafe nicht, habe aber keine Kraft, mich zu bewegen, die Erstarrung von mir abzuschütteln. Plötzlich empfinde ich mit meinem ganzen Körper, daß außer mir noch JEMAND im Zimmer ist. Vielleicht unter dem Schreibtisch? Oder hinter dem Schrank? JEMAND knarrt von Zeit zu Zeit, schlurft; atmet … Unheimlich! Mit der Kraft meines Willens zwinge ich mich, aufzustehen, schlendere über den langen leeren Korridor in unsere Gemeinschaftsküche. Dort ist es wärmer, die Petroleumkocher glühen schwach. Agnija Stepanowna bäckt Pfannkuchen in magerem Fett. Ihr ganzes Gesicht glänzt. Auf dem Teller liegt ein schwerer Stapel frischer Blini.[11] Und der Duft! Mir werden die Backen steif, und es stockt mir der Atem. Schwach werdend lehne ich mich an den Herd und – mag man mich auch erschlagen – ich kann meinen Blick nicht von dem auf der Pfanne zischenden Blin abwenden. Vielleicht kann ich um einen bitten? Mit kläglicher Stimme? Und zweimaligem Aussprechen des Zauberwortes »bitte«? Nein, für nichts auf der Welt! Es sei denn, sie bietet es mir von selbst an …

Hoffnungsvoll beobachte ich jede Bewegung der Nachbarin.

Agnija Stepanowna streicht mit der Hand eine schwarze Haarsträhne aus der Stirn und schielt unwillig auf mich: »Deine Mutter hat dir, wie es scheint, wieder nichts dagelassen? Wie kann man nur sein Kind den ganzen Tag im Stich lassen?«

»Nun gib schon, gib!« flehe ich sie innerlich an. »Na, wenigstens einen halben, einen viertel Blin …« Und in meinen Ohren beginnt ein Refrain ständig sich wiederholend zu tönen, welchen mir Tante Julia beigebracht hat:

Blin, Blin, Blin …
Halber Blin, halber Blin, halber Blin …
Ein viertel Blin, ein viertel Blin, ein viertel Blin …

Der Refrain imitiert den Klang einer Glocke – Blinnnn, Blinnnn, Blinnnn, Blinnnn …

»Irina!« schreit Agnija Stepanowna durchdringend. »Trag schnell die Blini ins Zimmer, sie kühlen sonst ab!«

---

11 Kleine, handtellergroße Pfannkuchen.

Der Teller, die Nachbarin und meine Busenfreundin Irina tauchen in den dunkeln Tunnel des Korridors ab. Dann höre ich, wie in der Türe ihres Zimmers der Schlüssel klirrt …

In hoffnungsloser Trauer rieche ich den Blini-Geruch. Und weshalb, frage ich mich, habe ich gewartet? Ich wußte doch – Agnija wird nichts abgeben! Ich hätte nicht in die Küche hinaus gehen sollen. Es gibt nichts, weshalb ich mich erniedrigen muß. Und sie – soll sie mit ihren Blini doch … gehen! Erneut setze ich mich mit einem Buch in die Ecke des Diwans – hungrig und sehr unglücklich.

Nach einiger Zeit klopft es an der Tür. Irka. Satt, wahrscheinlich, die Nichtswürdige! Trocken wechsle ich mit ihr ein paar Worte, und nachdem meine Freundin den Tisch umrundet hat, geht sie wieder. Aber was ist das? Woher zieht dieser unglaubliche Blini-Geruch zu mir? Ich lasse meine Augen ein Zeitlang herumschweifen: Am Rand des Tisches liegt ein unförmiger Klumpen in Zeitungspapier. Der war doch vorher noch nicht da, der ist erst vor einer Minute aufgetaucht! Ich wickele das Papier auf – drei Blini!

Ach Irka, meine teure Irka! Warum denkt man manchmal von Leuten schlechter, als sie in Wirklichkeit sind?

Njura

Gegen acht Uhr abends öffne ich die Zimmertüre ein wenig, damit ich das Knacken der Schlösser an der Eingangstür und die etwas schweren, eiligen Schritte im Korridor nicht versäume. Sie ist gekommen! Von den Blini erstarkt, lebe ich wieder auf, werde leicht unruhig und warte.

Tok-tok! Tok-tok! Das ist Njura, die mit dem vereinbarten Klopfzeichen an die Wand klopft. Das heißt, daß sie bereits in ihrem winzigen Zimmerchen das Licht angemacht hat, sich umgezogen hat, in den abgetragenen bunten Chalat[12] aus Flanell geschlüpft ist und auf den Petroleumkocher unseren Teekessel gestellt hat. Im nächsten Augenblick bin ich bei ihr. Ich sitze auf dem einzigen Stuhl mit Lehne aus zerrissenem Baumwollstoff, höre mir Njuras gutmütiges Murren an und plaudere mit ihr.

»Hat die Agnija Blini gebacken? Die ganze Küche ist voll vom Fettdunst. Und ist dir wieder das Wasser im Mund zusammengelaufen, aber nichts ist in deinen Mund geraten? Oder?«

Ich erzähle in allen Einzelheiten von den jüngsten Ereignissen.

»Das Mädel von ihr ist wenigstens nett«, sagt Njura gerührt. »Sie selbst ist nur so ein Geizhals. Aber was brauchen wir schon von ihr? Oder?«

Und das ist wahr – was brauchen wir schon von ihr?

Njura arbeitet in der Urizkij-Tabakfabrik. Die Fabrik ist gleich auf der Vasilij Insel in der »Achten Linie«. Vor dem Krieg rochen Njuras Gesicht, Hände und Kleidung immer nach Tabak. Jetzt kann man kein Tabakaroma ausmachen. Einmal hat mir Njura unter größter Geheimhaltung ein Kriegsgeheimnis anvertraut: Ihre Fabrikabteilung wurde von Zigaretten auf Minen umgestellt. Die Minen heißen ganz lustig – »Katzen«.

»Wie viele ›Katzen‹ hast du heute gemacht?« frage ich Njura. »Und schon das traue ich mich nicht, dir zu sagen«, reagiert die Nachbarin streng. »Das ist gerade das größte Geheimnis. Na, was ist, werden wir Tee trinken?«

Das fehlt gerade noch, natürlich werden wir Tee trinken! Njura nimmt zwei geschliffene Gläser aus der Truhe und zwei Untertassen, auf denen in rot geschrieben steht »Es lebe die Rote Arbeiter- und Bauernarmee« und ein Rot-

---

12 Eine Art Morgenmantel, jedoch als Hausmantel getragen.

armist mit spitz zulaufendem Helm aufgemalt ist. Njura schätzt diese Untertassen sehr – sie schenkte ihr »halt so ein Freund«, der jetzt an der Front ist. Auf meine Bitte hin, mir über diesen »halt so einen Freund« etwas zu erzählen, schweigt sich Njura gewöhnlich aus.

»Ist das dein Bräutigam, ja?« dränge ich mich auf.

»Es gibt viele solcher Bräutigame«, murmelt Njura. Aber die Untertassen schont sie deshalb nicht weniger, und nach dem Teetrinken trocknet sie sie immer vorsichtig mit einem Handtuch ab, während sie die Gläser einfach ausspült und umgestülpt auf die Truhe stellt.

Der Tee von Njura und mir ist sehr heiß und sehr durchsichtig – ein und denselben Sud, mit kochendem Wasser übergossen, benutzen wir schon eine Woche. Zucker gibt es keinen. Statt dessen gibt es vier rosa Karamelkrümel. Njura teilt sie brüderlich mit mir. Die Scheibe Schwarzbrot – auch.

Danach machen wir das Radio an und hören den Heeresbericht des Sowjetischen Nachrichtendienstes: Kämpfe an allen Fronten, die Deutschen befinden sich auf dem Marsch nach Leningrad. Nichts Beruhigendes. Njura ist traurig.

»Und wenn, Lenka«, sagt sie, »sie mich nicht dorthin eintreten lassen?«

»Wohin?«

»In die Landwehr. Bei uns haben sie sich eingeschrieben. Viele Weiber haben sich eingetragen.«

»Aber kannst du schießen?« – wundere ich mich.

»So, schießt man an der Front denn etwa nur? Dort kocht man sicherlich auch Kascha[13], und wäscht die Socken der Soldaten. Dafür taugen dort auch Weiber. Oder?«

Langweilig wird es mir ohne Njura werden; aber ich schweige …

---

13 Getreidegrütze, Brei

Hinzugewogenes

Man schickte mich in die Bäckerei. Auf einer Kartoffelschale kauend stelle ich mich an das Ende der trüben Schlange an. Gierig schaue ich in die Tiefe des Geschäfts. Reihen von dunkelbraunen Brotlaiben – was könnte besser sein als ein solcher Anblick? Frauen passen nörglerisch und feindselig auf die präzise Anzeige des Gewichts auf, beobachten die langsamen Bewegungen der Verkäuferinnen.

»Weg mit dem Übergewicht!« – fordert streng mal die eine, mal die andere.

Ein dünner, fast körperloser Junge, der in irgend etwas Leichtes, Graues gekleidet ist, bahnt sich unsicher, jede Minute um sich blickend, einen Weg durch die Menge. Jetzt hat er irgendwie bei der Ladentheke Platz gefunden und vertieft sich ganz in den Anblick der Waagen. Ihn durchbohren unfreundliche, verdächtige Blicke.

»Tante, geben Sie ein Stück Hinzugewogenes«, bittet der Junge kaum hörbar die Verkäuferin.

»Ich kann das nicht machen, Junge, meine sitzen auch hungrig …«

»Tante, geben Sie ein Stück Hinzugewogenes …«

»Junger Mann, geh lieber nach Hause.«

»Geben Sie ein Stück Hinzugewogenes …«

»Was denn noch! Könntest dich schämen, so zu betteln!«

»Tante, geben Sie …«

»Herrgott, was für eine Not, eine Not …«

»Tante … Tante … Tante …«

Die Tanten verstecken ihre Verpflegungsration in ihren Einkaufstaschen, wobei sie den anderen nicht in die Augen schauen, und gehen, ohne sich umzusehen, hinaus. In der Schlange wird geschluchzt.

»Die Verkäuferin könnte dem Kind ein Stück geben«, findet jemand einen Ausweg.

Die Schlange ist erregt, alle reden durcheinander.

»Geben Sie, was kostet es Sie schon!«

»Geben Sie doch selbst, wenn Sie alle so gutherzig sind!« reagiert die Verkäuferin böse.

Ich bin bald an der Reihe. Ich erwäge fieberhaft. Was soll ich denn tun? Dreihundertfünfundsiebzig Gramm für drei – das ist ziemlich wenig. Das Hinzugewogene abgeben und zu Hause sagen, daß ich es selbst gegessen habe? Aber das kann man ja wirklich selbst essen und zu Hause sagen, daß ich es dem Jungen gegeben habe. Was tun?

Zu meiner riesigen Erleichterung zieht der Junge seine blasse Nase von der Verkaufstheke zurück, dreht sich um und schleppt sich zur Tür. Mein Hinzugewogenes ist gerettet! Freude jedoch kann ich irgendwie nicht empfinden ... Ich zögere noch etwas, dann, schon direkt am Ausgang, hole ich den Jungen ein und stecke ihm in seine dreckige Hand – wie eine eiserne Klammer – die hinzugewogene Scheibe weiches Brot.

»Tamburin« von Rameau

Obwohl Papa seine Wirbelsäule immer noch stark quält, arbeitet er jetzt in einer Musikbrigade, liest Gedichte von Majakowskij und Svetlow. In einem gefleckten Autobus – er ist gelb-grün angemalt als Tarnung – gondelt er gemeinsam mit anderen Künstlern – Sängern, Zauberern, zwei Tänzern – von einem zum anderen Ende der Stadt. Mal fahren sie in eine Fabrik, mal ins Krankenhaus, und manchmal auch direkt an die Front. Sie ist jetzt nicht weit weg. Die Deutschen haben sich bis zu den nächstgelegenen Leningrader Vororten herangearbeitet – Srednaja Rogatka, Avtov ...

Doch heute gibt es keine Konzerte. Papa ist zu Hause. Ich lese »Prinz und Bettelknabe« von Mark Twain, Papa übt auf der Geige. Um mir Vergnügen zu bereiten, müht er sich nicht mit den Gesetzen Paganinis ab, was endlose eintönige Übungen fordert, sondern spielt begeistert das Stück »Tamburin« des französischen Komponisten Rameau. Die Melodie dieses altertümlichen Tanzes ist einfach und schön. Ich bekomme Gänsehaut und möchte irgendwie weinen. Plötzlich tut mir Papa sehr leid. In letzter Zeit hat er stark abgenommen, und die wirren Augenbrauen fallen besonders auf in dem eingefallenen Gesicht mit dem starken, leicht zweigeteilten Kinn.

»Hat Mama dir nicht aufgetragen, ins Geschäft runter zu gehen und Getreide zu kaufen«, äußert Papa plötzlich nachdenklich, indem er die Geige absetzt.

Und es gab wirklich so einen Auftrag.

Gestern in der »Leningrader Prawda« erschien die lang ersehnte »Mitteilung der städtischen Abteilung für Handel«. Es wurde mitgeteilt, daß der Verkauf an Arbeiter auf November-Lebensmittelkarten in Anrechnung auf die Monatsnorm erlaubt ist:

1. Fleisch und Fleischprodukte – zweihundert Gramm
2. Getreide – zweihundert Gramm
3. Mehl unter Anrechnung des Getreides – zweihundert Gramm

Von den »rechten« Nachbarn ist uns bekannt, daß in dem Geschäft, dem wir zugeteilt sind, Weizen angeliefert wurde – Agnija Stepanowna hat selbst gesehen, wie die Säcke abgeladen wurden. Und eine Schlange hat sich schon seit dem Morgen formiert. Das heißt, man muß los.

Ich sehe, daß Papa keine besondere Lust hat, sich mit dem Einkaufsbeutel zu dieser vor allem aus Frauen bestehende Schlange aufzumachen.

»Laß *mich* runterlaufen«, schlage ich vor.

Papa zieht die Brauen zusammen – er denkt nach.

»Nein, weißt du, Bruder, das Wetter ist heute widerlich. Du wirst dich erkälten. Bleib zu Hause sitzen.«

Papa nimmt den Einkaufsbeutel, zieht den schweren Mantel mit den langen Schößen an und geht.

Schon nach drei Minuten höre ich, wie er im Vorzimmer mit den Füßen stampft. Ist er zurück? Hat er irgend etwas vergessen?

»Vergessen! Vergessen!« schreit Papa, während er ins Zimmer kommt. Er schleudert den Einkaufsbeutel auf den Diwan, dann folgt die Kappe und ... wirft sich die Geige auf die Schulter. »Dein Vater ist ein Esel! Ja, ein Esel! So muß man dieses Stück spielen! Ich habe das doch früher auch so gespielt, aber dann vergessen! ... Hör zu!«

»Ta-ra-ri-ra-tam-tam – – –«

»Uu-chchch!!!« detonierte es irgendwo ganz in der Nähe.

Wir stürzen zum Fenster. Auf dem Bürgersteig des »Kleinen Prospekts« regnet es Ziegelstaub. Schräg gegenüber von uns, näher zur »Sechsten Linie«, steigt schwarzer Rauch auf, lodert ein Feuer. »Unser Geschäft ...« sagt Vater mit versagender Stimme. »Ein direkter Treffer ... Dort waren wahrscheinlich viele Leute ...«

Ich schluchze. Papa packt mich schmerzhaft an den Schultern.

»Und wenn du gegangen wärst, Lenka?!«

Und wenn Papa nicht zurückgekommen wäre auf halbem Weg, so merkwürdig und unerwartet?

»›Tamburin‹ hat uns gerettet«, flüstert Vater tief ergriffen. »›Tamburin‹ von Rameau ...«

Wie viele solch phantastischer »Zufälligkeiten« retteten das Leben der Leningrader? Wahrscheinlich kann man sie nicht zählen ...

Sonntägliche Tafel

Unsere Wohnung leert sich. Njura erscheint eines Tages in der Küche in Feldmütze und Militärbluse. Sie hat sich tatsächlich bei der Landwehr eingeschrieben. Nachdem sie mich auf beide Wangen geküßt hatte, fährt sie an die Front – unten wartet ein Militärauto auf sie. Die »rechten« Nachbarn siedeln unerwartet in einen anderen Bezirk über: Man hat ihnen irgendeine leergewordene Wohnung gegeben. Agnija Stepanowna hat sich nicht einmal von Mama verabschiedet. Nur Irka kam einen Moment zu mir hereingelaufen, um mir zum Andenken einige grellbunte Abziehbilder dazulassen – Gegenstand meiner langen und heißen Begierde. Der Architekt Pascha hat sich schon eineinhalb Monate zu Hause nicht gezeigt. Vielleicht ist er auch an der Front? Oder ... Das zu Ende zu denken fürchten wir uns ...

Die Vasilij Insel hat sich stark verändert. Die Straßen sind leer, und man kann direkt bis zur Uferstraße der Newa durchsehen. Trolleybusse und Straßenbahnen fahren schon lange nicht mehr. Als blaue und rote Klumpen sind sie entlang der Pflasterstein-Brücken erstarrt.

»Heute habe ich auch im Institut drei Leute nicht getroffen«, erzählt Mama.

Die Fenster in den Zimmern sind dicht und kristallen zugefroren. Es ist Dezember ...

An einem der Sonntage, noch vor Sonnenaufgang, rüsten wir Vater mit allem Nowendigen für einen weiten Weg aus. Er ist über seine Arbeitsstelle einer »Ausspeisungs-Kantine« zugewiesen worden. Vater nimmt den zweistöckigen Essensträger aus Aluminium. Dann schlägt im Vorzimmer die Eingangstür. Weg ist er ...

Mama hat ein trauriges Gesicht. Ich weiß, sie bangt um Vater. Bis zum Nevskij Prospekt zu gehen und zurück, und das noch bei so einer Kälte und während Angriffen, die immer häufiger werden, ist nicht ungefährlich. Um so mehr, als Papa immer schwächer wird und er alle hundert Schritte stehenbleiben und ausruhen muß …

Der Sonntag zieht sich unendlich hin. Ich schaue immer wieder auf die Wanduhr in dem geschnitzten hölzernen Kasten – ob es bald zwei schlägt? Gewöhnlich gibt es Sonntags um diese Zeit Mittagessen. Doch wir müssen auf Vater warten, der nicht so bald kommen kann.

Ungeduldig gehe ich von einer Ecke in die andere und weiß nicht, mit was ich mich beschäftigen soll. Mama ist in den Keller hinunter gegangen, wo die letzten Reste unseres halben Kubikmeters Brennholz aufbewahrt werden.

Es wird Fliegeralarm gegeben. Bombenangriff! Ich warte auf Mama, das Gesicht in die Schlummerrolle vom Diwan vergraben. Die Wände des Hauses werden erschüttert. Die Tischlampe mit dem grünen Lampenschirm aus Glas tänzelt auf dem Schreibtisch. Unser Eckhaus ist noch immer unversehrt, obwohl es auf allen Seiten von frischen Ruinen umgeben ist. Die Deutschen zielen auf die Kozizkij Fabrik, die sich unweit befindet. Das Haus rechts ist zerstört, das links und auch der Flügel im Hof. Bei einem der Torbögen auf dem »Kleinen Prospekt« liegt in einem nicht sehr tiefen Trichter ein Bombenblindgänger. Wir sind ihn anschauen gegangen.

»Weißt du, Lenka, laß uns doch mal den Tisch heute so richtig schön decken!« schlägt Mama vor, als sie aus dem Keller zurückkehrt. »Heute ist doch immerhin Sonntag!« Und sie nimmt das nach Bauernart gebundene dunkle Kopftuch vom Kopf.

Wir holen aus dem Büfett Großmutters silberne Löffel, das weiß-blaue Tafelgeschirr – Porzellan aus Kusnezow – den porzellanenen Brotkorb.

»Egal, daß es bei uns nur Kohlsuppe aus Brennesseln gibt!« lacht Mama. »Dafür sitzen wir bei Tisch wie feine

Leute. Sonst verwandeln wir uns noch ganz in Höhlenbewohner! Das möchte ich nicht!«

Sie geht in die Küche, um die Suppe aufzuwärmen – eine grüne einfache Suppe aus Brennesseln, und ich umbinde schnell meine Zöpfe, die sich schon etwas aufgelöst haben, mit blauen Bändern. Feiertag ist Feiertag!

Da kommt auch schon Vater – er ging heute schneller hin und zurück als gewöhnlich. Nachdem er sich die Hände am angeheizten Ofen etwas gewärmt hat, stellt er die Essensträger aus Aluminium auf den Tisch. Sie zerstören etwas die allgemeine Schönheit, aber dafür gibt es darin zerschrotete Hirsegrütze und eine süße Mehlspeise aus Gelatine! Schon das erscheint uns wie ein Leckerbissen.

Endlich ist die Brennesselsuppe auf die festlichen Teller verteilt ... Wir können mit dem Festmahl beginnen ...

»Trach!!!« Unheilverkündend klirren in kleine Stücke zerschlagene Scheiben über den Fußboden. Ins Zimmer stürmt gewaltsam ein kalter Wirbelwind hinein. Papa wird an die Wand geworfen, Mama in den Sessel hineingedrückt, und ich liege, nachdem ich den Brotkorb an den Bauch gedrückt habe – bis heute kann ich nicht begreifen, wie ich es schaffte, ihn zu packen? – mit dem Gesicht nach unten auf dem Boden.

Eine ganze Weile können wir uns nicht bewegen, es scheint, als ob wir alle drei wie gelähmt sind. Danach hebt Mama die Augen:

»Alle lebendig?«

Wir leben, obwohl diese Mal das Geschoß direkt unter dem Fenster einschlug. Wieder das »Tamburin« von Rameau.

Schneesturm im Zimmer

Der verunstaltete Fensterrahmen ähnelt einem Haifischrachen. Er fletscht die scharfen Splitter-Zähne, welche gierig funkeln. Der Rachen erfaßt uns mit eisigem Atem.

Man muß schnell etwas tun.

»Vielleicht fragen wir in einer anderen Wohnung an, ob wir da übernachten dürfen?« schlägt Mama vor. »Und morgen suchen wir einen Glaser?«

»Was für einen Glaser?! Olga!« Papa runzelt die Augenbrauen. »Wo soll man jetzt einen Glaser finden? Das ist doch undenkbar!«

Durch unser Zimmer beginnt ein leichter Schneesturm zu wehen, der die Scherben des Porzellans aus Kusnezow mit Schnee bedeckt. Mir klappern die Zähne.

»Also gut!« fällt Papa eine Entscheidung. »Zieht euch so warm an wie möglich! Wir gehen zu Sascha!«

Onkel Sascha ist der Bruder von Vater. Er ist eingerückt, sein Zimmer in einer Kommunalwohnung auf dem »Großen Moskauer Prospekt« steht jetzt leer.

»Sehr gescheit!« stimmt Mama zu. »Aber da müssen wir doch quer durch die Stadt ... Du bist doch müde ... Schaffst du das?«

»Was für ein Unsinn!« wird Vater ärgerlich. »Natürlich schaffe ich das. Macht euch schnell fertig!«

Wir zwängen uns in die Wintermäntel. Mama schnürt noch irgendwelche warmen Sachen in ein Bündel. Papa nimmt die Hülle mit der Geige in die Hand, ich die Tasche mit *ENSE*.

Wir stellen die kleine Scheibe Brot zur freien Verfügung, die im Brotkorb aus Porzellan unversehrt geblieben ist, und ich kratze von der vom Tisch gerutschten Tischdecke noch etwas bereits ausgekühlte Hirsegrütze: So etwas Gutes soll man nicht verkommen lassen!

»Setzen wir uns für eine Gedenkminute, bevor wir losgehen«, sagt Mama.

Wir drei lassen uns auf dem Diwan nieder. Wir sitzen schweigend, regungslos. Wir ahnen, daß wir die Vasilij Insel für lange verlassen werden.

Viele Stunden dauert unser Weg durch die mit leichtem Schnee bedeckte, menschenleere Stadt, an blinden Gebäuden vorbei, die von hohen kegelförmigen Schneewehen umgeben sind. Als wir schon bis zur Newa gekommen waren, fällt Mama ein, daß sie vergessen hat, den elektrischen Wasserkocher auszuschalten. Wir mußten umkehren, dann von neuem gehen, gehen, gehen …

Am Kamin

Onkel Saschas Zimmer, dessen Schlüssel uns die Nachbarin aushändigte, nachdem sie uns mißtrauisch gemustert hatte, sieht sehr unordentlich aus. Offensichtlich hat hier schon lange kein Mensch mehr einen Fuß hineingesetzt.

Kärgliche Möbel: ein Tisch, ein vernickeltes Bett, eine Couch mit zerschlissenen Schlummerrollen – alles mit einer dichten Staubschicht bedeckt. Dafür gibt es einen prächtigen Kamin aus Marmor, aber hinter seinem gußeisernen Gitter-Rost klafft ein tiefes Loch. Mit was soll man einen solchen Nimmersatt heizen? Brennholz hat Onkel Sascha natürlich keins.

»Das«, winkt Papa mit der Hand ab, »laßt mal meine Sorge sein.«

In den Kamin fliegt ein Stuhl, ein Stoß Zeitschriften. Im Schornstein heult es wild, Flammen eilen mit ungeheuerlicher Geschwindigkeit nach oben, aber Wärme gibt es keine.

Aber wir haben ein Feuer, haben ein Dach. Gegen Morgen hat das ganze Zimmer mit vereinten Kräften ein mehr oder weniger wohnliches Aussehen angenommen. Und ich habe sogar schon ein Lieblingsplätzchen – auf der Couch, neben dem Fenster, wo Onkel Saschas nach Mottenpulver riechender Bärenfellmantel (mit innen und außen Fell) liegt. In den hülle ich mich ein. Wenn man sich mit einem interessanten Buch versorgt, braucht man meinetwegen überhaupt nicht mehr von dort herauszukriechen.

Bekanntschaft

»Guten Tag! Wollen wir uns nicht bekannt machen! Ich bin Zinaida Pavlovna, Ihre Nachbarin.«

Nachdem ich aus meiner »Bärenfell-Ecke« aufgetaucht bin, sehe ich in der Türe eine »Dame«.

Ich teile für mich alle Frauen ein in solche, die ein »damenhaftes« Auftreten haben, und solche, die keins haben. Eine »Dame« hat einen Seehundpelz-Mantel an, sie hat hohe Filzüberschuhe, herzförmig geschminkte Lippen und einen Hut auf. Zinaida Pavlovna ist eine »Dame«, ganz im Sinne dieses – meines – Verständnisses. Außerdem hat sie ein gepflegt gepudertes Gesicht mit Doppelkinn und Ringe an den Fingern. Und um den Hals trägt sie ein flauschiges Schultertuch.

Wir haben auch Mäntel an und tragen Schultertücher, sogar noch Skianzüge, die wir auch nachts nicht ausziehen. Der Kamin hat alles Hölzerne aus dem Haus verschlungen, außer dem Tisch, und die Kälte ist nach wie vor grimmig.

Unser Gast fängt selbstsicher an zu rauchen und knüpft ein Gespräch an.

»Ich langweile und langweile mich ... Mein Mann ist an der Front. Und ich habe niemanden, mit dem ich ins Theater gehen kann. Gehen Sie, liebe Olga, doch mit mir – ich habe zwei Karten für die Operette ›Der Vogelhändler‹. Es soll nicht schlecht inszeniert sein.«

»Was kann das jetzt für ein Theater sein?« denke ich. »Bei so einer Kälte.«

»Ja, ja, unsere Operette – alle Achtung!« antwortet Mama. »Die spielen weiter! Ich würde mit Vergnügen gehen, doch ich habe hier nichts, was ich anziehen könnte ... Hier, sehen Sie, Skianzug ...«

Die Bekanntschaft ist geknüpft. Mama wird eingeladen, abends auf einen Tee reinzuschauen. Ich stecke die Nase unter dem Pelzmantel heraus: Tee – das ist schon interessant! Ich hoffe, Mama vergißt nicht, mich mitzunehmen.

Onkel Saschas Kommunal-Wohnung ist unübersehbar groß. Vom Vorzimmer aus, wo von den Wänden Tapeten-Fetzen herunterhängen, zieht sich in geheimnisvoller Dämmerung ein enger, einem Schutzgraben ähnlicher Korridor hin. Rechts und links sind eine Menge Türen und Nischen. Am Ende des Korridors befindet sich die Küche, die in einem vereisten Fenster endet. Hier ist zur Zeit fast keiner, man kocht in den Zimmern auf einem Petroleumkocher. Durch diesen Korridor zu gehen, ist für mich eine Qual. Wenn ich zu einem gewissen Örtchen muß – und das ist neben der Küche –, eile ich mit klopfendem Herzen den Flur entlang, nachdem ich die Augen zusammengekniffen habe. Und immer kommt es mir so vor, als ob mich jemand verfolgt. Besonders schrecklich ist es, tagsüber auf den Korridor hinauszugehen, wenn die Bewohner des Hauses nicht da sind und das Knarren eines jeden Dielenbrettes ein Echo hat in der Tiefe der leeren Wohnräume. Ginge es nach meinem Willen, so würde ich natürlich den neben dem Kamin stehenden Abfalleimer benutzen, aber Mama ist in solchen Fragen unerbittlich.

»Das Wichtigste für uns ist, nicht zu verlottern!« wiederholt sie immer wieder. »Sonst bedeutet das das Ende.«

Nach und nach lernen wir auch die anderen Bewohner der Wohnung kennen. Zweimal am Tag schaut bei uns ein kleines blasses Mütterchen herein. Sie trägt ein Jackett mit einem verblichenen Fuchs, der über die Zeit bläulich geworden ist, und einen zerknautschten Hut. Die Backen sind satt orange geschminkt. Das Mütterchen hält einen Emaillekrug in der Hand und stellt Mama ängstlich immer wieder ein und dieselbe gleichbleibende Frage:

»Liebste Olga Sergejevna, mein Täubchen, ich habe mich mit unabgekochtem Wasser gesättigt ... Was meinen Sie, davon sterbe ich doch nicht? Sterbe ich doch nicht, oder?«

Nach einem Monat starb sie. Aber nicht vom unabgekochten Wasser, sondern vor Hunger. Und eine Woche lag sie in ihrem Zimmer, immer noch in dieser kurzen, mit Fuchspelz verbrämten Jacke und mit Hut. Einen Sarg konnte sogar Onkel Sascha nicht auftreiben.

Außerdem gibt es in der Wohnung noch eine Akademiker-Familie. Der Dozent Rappoport, seine Frau und Tochter Valerie. Über sie hat mir einmal Zinaida Pavlovna gesagt: »Valerie hat Füße Größe vierzig!«

Ich stellte mir ein Mädchen vor, größer als ich aber mit langen Füßen wie Skier. Übrigens, Valerie habe ich so oder so kein einziges Mal gesehen. Die Rappoports sieht überhaupt niemand. Wie sie ins Haus gelangen, wann sie hinein- und hinausgehen, das blieb für alle eine Rätsel.

In zwei nicht sehr großen aneinandergrenzenden Zimmern mit Fenstern zum Hof wohnt zusammengepfercht eine Horde kleiner Kinder – fünf oder sechs. Vater und Mutter, abgestumpft von Unterernährung, mußten eins nach dem anderen begraben. Ich habe nicht gehört, daß einer von ihnen weinte.

Lange Tage

In jenem Winter kamen mir die Tage unendlich lang vor. Zum Frühstück – ein Glas kochend heißes Wasser und ein winziges Stück Brot.

»Kommt ihr bald wieder?« schaue ich fragend in die Augen der Eltern.

»Wir bemühen uns, so schnell wie möglich …«

Mama hat neue Kleidung, die Onkel Sascha aufgetrieben hat – wattierte Reithosen und eine dicke gesteppte Jacke. An den Füßen Stiefel, genäht aus weiß der Teufel woher genommenem Schaffell. In dieser Aufmachung geht Mama, nachdem sie ihre Aktentasche genommen hat, täglich in ihr Institut für Theater- und Musikgeschichte.

Nun sind die Eltern weggegangen. Die erste halbe Stunde entwickle ich eine stürmische Geschäftigkeit. Die Türen verbarrikadiere ich mit dem Tisch und den Schlummerrollen vom Diwan. Was soll ich lesen? »Die drei Musketiere«! Und – schwupps – bin ich unter dem Pelzmantel!

Seit der Zeit, als ich fließend lesen gelernt habe, sind meine Ängste verschiedenartiger und konkreter geworden. Mal fürchte ich mich vor Vija, mal vor Lady Macbeth, mal vor dem Hund von Baskerville, John Silver und sogar dem rätselhaften Kapitän Nemo. Bombenangriffe und Artilleriebeschüsse erschrecken mich schon lange nicht mehr. Ich vergrabe mich lediglich tiefer in das staubige Bärenfell, damit ich das Gekrache und Pfeifen nicht höre. Übrigens habe ich aus Erfahrungen gelernt und weiß inzwischen schon: Wenn es so vorbeipfeift und vorbeilärmt, bedeutet dies, daß es vorbeigezogen ist.

Die ersten zwei Stunden bin ich ganz in mein Buch versunken. Bis ich wieder bei der Beschreibung eines Festmahls steckenbleibe. Dann fange ich an zu träumen. Da schlendere ich mit hängendem Kopf die Straße entlang. Und plötzlich kommt mir Stalin entgegen.

»Was möchtest du, Lenotschka?« fragt er und lächelt mit seinem Schnauzbart wie auf den Fotografien.

»Was ich will? Daß ›unsere‹ gewinnen!«

Aber ich warte darauf, daß noch eine zweite Frage gestellt wird. Die Antwort darauf habe ich mir schon vorher sorgfältig überlegt.

»Und was würdest du noch wollen, Lenotschka?«

»Erbsensuppe mit Rippchen!«

Diese Suppe war vor dem Krieg in unserer Familie die »Krönungsnummer«. Ich sehe vor mir einen Teller mit bernsteinfarbener Flüssigkeit, der Duft der Schweinerippchen kitzelt die Nasenflügel, auf der Zunge der Geschmack weichgekochter, süßer Erbsen.

Nein, nein! Lesen, lesen, lesen. Stalin geht nicht einfach so die Straße entlang.

In der zweiten Hälfte des Tages, wenn das Zimmer schon ganz blau ist – es wird früh dunkel – erstarre ich unter meinem Pelzmantel vor Schwäche. Der Hunger zerreißt mich unablässig, wie Zahnschmerzen, deren Ende nicht abzusehen sind. Es kommen einem schlimme Gedanken in den Sinn …

Schuld und Sühne

Es gibt Handlungen in der Kindheit, die einen mit quälender Scham das ganze Leben lang bestrafen.

Für das Abendessen sind in der Tischschublade drei Stück Brot und drei Schokoladestückchen zur Seite gelegt. Mir ist das sehr wohl bekannt, die Schublade ist nicht verschlossen – man vertraut mir gänzlich. Aber nach dem Wunschtraum von der Erbsensuppe kann ich nur noch an Essen denken. Eine echte Versuchung. Aber was, wenn ich von einem Stückchen Schokolade ein winziges bißchen abschneide? Das sieht sicher niemand. Und außerdem, nehme ich doch *meinen* Teil ...

Mit einem scharfen Messer schneide ich einen kaum zu bemerkenden Schokoladenspan ab. Ausgezeichnet, nicht die kleinste Spur. Ich schneide noch ein bißchen, noch ein bißchen, noch einmal etwas ... Wie ist das lecker! Noch! Noch! Jetzt – das Brot ...

Von meinem Teil ist keine Spur übriggeblieben. Ich nehme etwas von Papas. Wieder setze ich das Messer in Bewegung ...

Als auf dem Teller die letzte Scheibe übriggeblieben ist, greife ich mir an den Kopf. Was habe ich angestellt! Habe alle ohne Essen gelassen. Wie werde ich Mama in die Augen schauen können? Papa fürchte ich nicht.

Aber das war noch kein Verbrechen.

Vater erschien dieses Mal etwas früher. Setzt den Wasserkessel auf den kleinen Kanonenofen – den Kamin ersetzte inzwischen ein eisernes Öfchen mit einem Rohr, das sich durch das ganze Zimmer schlängelt – und bereitet die Gläser vor. Jetzt muß Mama jeden Moment auftauchen. Mich versteckend warte ich dem Untergang geweiht auf das Klopfen an der Tür ...

Mama kehrt müde und frierend zurück. Auf ihren Lippen ist geronnenes Blut – Skorbut. Sie wäscht sich lange die Hände – Vater gießt ihr dazu aus dem Krug Wasser über die Hände, sie geht zum Tisch und öffnet die Schublade ...

»Lena, hast du das Brot gegessen?« Mamas Blick ist streng, vorwurfsvoll. Die grauen Augen verengen sich. Aus Furcht wird mir angst und bang.

»Nein, nicht ich ... Papa!«

Ich werde nie vergessen, wie verblüfft Vater über meinen Verrat war! Er verstand alles und bemitleidete mich sofort. Aber *diese* Schuld – *damals* – im Winter des Jahres einundvierzig, konnte er nicht auf sich nehmen, so sehr er mich auch liebte.

»Lena, du hast nicht dich Wahrheit gesagt! Ich bin doch gerade erst gekommen.«

»Nein, er, er, er! ...«

Mama holt tief Luft. Schweigend nimmt sie das übriggebliebene Stückchen, schweigend legt sie es mir in die Hand.

»Iß!«

Und solange ich, weinend und in Tränen zerfließend, dieses bitterste Stück Brot meines Lebens nicht runtergeschluckt habe, steht sie hoch aufgerichtet neben mir ...

Evakuierungssammelpunkt

Von Zeit zu Zeit kommt Onkel Sascha zu Hause vorbei. Er ist mittelgroß, mit einem großen Lockenkopf. Ein Auge ist mit einer schwarzen Augenklappe bedeckt. »Wie der Fürst Potjomkin von Taurien«, sagt Papa. Onkel Sascha trägt eine Feldbluse, zugeschnürt mit kratzenden Lederriemen. Sein Aussehen ist immer ernst. Er ist der Leiter des Evakuierungssammelpunktes.

Was ist das, ein »Evakuierungssammelpunkt«? – Ich habe keine Ahnung. Dieses unverständliche Wort vermischt sich bei mir im Kopf mit einem anderen, ebenso unverständlichen: »Kontrapunkt«, das ich von Mama gehört habe,

Aber einmal schickt man mich mit irgendeinem Zettel zum Onkel. Im Keller des Evakuierungssammelpunktes – er befindet sich auf der Raseschaja Straße in einem Schulgebäude – versperren mir Sanitäter mit Tragbahren den Weg. »Es werden Kranke getragen«, vermute ich und drücke mich in die Ecke des Treppenhauses, damit ich nicht störe. Sanitäter in dreckigen Kitteln kommen und kommen immer wieder herunter. Die Gesichter der Kranken schwimmen an mir vorbei – seltsam bleich, unbeweglich, mit glänzender Stirn. Ein alter Mann, eine junge Frau, ein Kind … »Wahrscheinlich ist im Keller ein Krankenhaus«, denke ich.

»Du hast dich an einen nicht sehr guten Ort gestellt, Mädchen … Geh lieber nach Hause!« Das sagt eine ältere Sanitäterin.

Mit einem Ruck drehe ich mich zur Wand. Wieso habe ich nicht gleich verstanden? Das sind doch Tote, Verstorbene, Leichen … Kalt geworden laufe ich in die obere Etage. Überall liegen und sitzen Menschen herum – Türen gibt es nirgends, es ist zu sehen, daß sie aus den Rahmen herausgerissen sind.

Ich sollte lieber schnell Onkel Sascha finden! …

Am Abend erfahre ich aus den Gesprächen der Erwachsenen, daß der Evakuierungssammelpunkt zum Bersten voll ist mit Flüchtlingen aus den besetzten Vororten Leningrads. Viele sind vor Hunger umgekommen. Die Toten werden oft unter einer Decke oder einem Haufen Lappen versteckt, mit dem Versuch, die Lebensmittelkarten zu behalten. Bänke, Tische, Schultafeln, Türen, sogar das Parkett – alles ist schon lange verfeuert. Um sich zu wärmen, stecken die Menschen die Feuer schon direkt auf dem Feld an …

»Und was, was kann ich für sie tun?!« schreit Onkel Sascha, und sein einziges verbliebenes Auge drückt tiefen Schmerz aus. »Ich habe schon vierundzwanzig Stunden nicht geschlafen und nichts gegessen! Die Lebensmittel reichen nicht. Es gibt kein Brennholz, keine Elektrizität! Ich sollte lieber bei den Spähern unter den Kugeln sitzen! Ich Waschlappen!«

Im Zorn reißt er sich die schwarze Augenbinde vom Kopf. Unter den – wie bei Papa – dichten Augenbrauen ist eine leere Augenhöhle …

Der Onkel hatte sich schon vor dem Krieg verletzt. Er hatte einen Nagel in die Wand geschlagen, und ein plötzlich wegfliegender Splitter rostigen Metalls drang in die Pupille ein. Man hat den Onkel operiert, aber das Auge konnte nicht gerettet werden. –

Nach einigen Tagen ereignete sich bei dem Evakuierungssammelpunkt ein Brand. Während Onkel Sascha die Evakuierten rettete, zog er sich ernsthafte Verbrennungen zu, aber er legte sich nicht ins Krankenhaus, sondern er arbeitete weiter und trug fast bis zum Frühjahr einen Verband. Den Evakuierungssammelpunkt verlegte man an einen anderen Ort.

Der Brandgeruch hielt sich lange in dem alten Gebäude.

In diesem Haus war später meine Schule.

Zinaida Pavlovnas Boudoir

Mama ist oft bei Zinaida Pavlovna.

An jenem Tag, als die Einladung zum Tee angenommen worden war, habe ich eingehend die nachbarliche Behausung betrachtet. Ein quadratisches Zimmer mit einem weiß gekachelten Ofen. Aber an der am besten einzusehenden Stelle befindet sich ein Frisiertisch mit einem dreiteiligen Spiegel. In den polierten Scheiben spiegeln sich dreifach unzählige Parfüm-Flakons, porzellanene Amors, Hündchen, Kätzchen, bemalte Ostereier. Seidene Schatullen, eine Vase mit künstlichen Blumen, eine Auswahl Kämme aus Schildpatt, Puderdosen, Puderquasten – was es da nicht alles gibt! Ein ganzes Vermögen. Man kann seine Augen fast nicht davon abwenden. Aber Mama macht sich nichts aus Kosmetika. Eine Ausnahme macht sie nur für das Eau de Cologne »Magnolie«, welches ihr Papa einmal im Jahr – zum Geburtstag – schenkt. Mama gibt mir manchmal ihr Eau de Cologne zum Riechen.

»Merkst du, was es für einen strengen und reinen Duft hat?« fragt sie.

Auf einer anderen ins Auge fallenden Stelle im »Boudoir« – so haben Mama und ich das Zimmer der Nachbarin getauft – ist das Bett. Eine große Ruhestätte mit vernickelten glänzenden Kugeln auf dem Kopf- und Fußteil. Jede Kugel wird unten mit einer rosa Schleife aufgefangen. Das Bett ist mit schneeweißem Tüll zugedeckt und übersät mit einer Unmenge bestickter Kissen. An der Wand über dem Bett sind zwei Fotografien: Zinaida Pavlovna in der Jugend (aufgestützt mit rundlichem Ellenbogen auf eine Balustrade) und ein Soldat mit einer Kommandeursmütze – der dritte Ehemann.

Das Boudoir ist warm und hell, aber das Wichtigste befindet sich – wie vor dem Krieg! – auf dem Tisch: Kekse, Marmelade, Sahne ... Woher? Damals stellte ich mir diese Frage nicht und schluckte andächtig das mir Angebotene. Vielleicht läßt man uns morgen wieder kommen?

Aber »wieder« läßt man nur Mama kommen. Sie nimmt ihr Strickzeug und geht fast den ganzen Abend ins Boudoir.

»Und du bleibst da, verbringe ein Stündchen mit dir selbst, liebes Kind«, sagt Zinaida Pavlovna zu mir, wobei sie mit ihrem fülligen Körper, der in einen Chalat aus Atlasseide gehüllt ist, die Tür verstellt. Das Tor zum Paradies wird direkt vor meiner Nase zugeschlagen. Ich höre, wie die Löffel klappern – es wird Tee zubereitet! – Gelächter ...

Tief beleidigt krieche ich in meine Ecke. Und diese Mama, Mama! Sie tut, als ob ihre einzige Tochter sie nichts anginge! Sitzt sie doch da drüben und knabbert süßen Zwieback. Und ich verkomme hier vor Hunger. Freilich gibt sie mir ihr Abendessen ab, das weiß ich, aber trotzdem ...

Zinaida Pavlovna konnte ich von nun an nicht leiden, und Mama gegenüber war ich lange beleidigt. Und erst einige Zeit später, als ich mich erinnerte, wie gierig Mamas Verpflegungsration in meinen Backen verschwand, begann ich etwas zu verstehen. Für die Möglichkeit, mir ein übriges

Stückchen zuzustecken, zahlte meine stolze Mutter den dreifachen Preis. Und wundervolle Kissenbezüge und Tischdecken, von ihr gestickt, schmückten das »Boudoir« von Zinaida Pavlovna auch nach dem Krieg.

Flohmarkt

Auf der Straße, die mit einer dicken Eisschicht wie mit einem Federbett zugedeckt ist – eine Ansammlung von Menschen. Grimmiger Frost. Alle treten von einem Fuß auf den anderen, stampfen, tänzeln. Die Bewegungen sind plump, die Leute haben sich alles, was nur aus Wolle oder warm ist, übergehängt. Die Masse bewegt sich dauernd irgendwohin, gleichsam wie ein Strom träge dahin fließt. Seine Quelle ist neben der Marat Straße, weiter zieht sich der Strom die Kusnetschnyj Gasse entlang, durchflutet die nächstgelegenen Torbögen und ergießt sich in die »Große Moskauer Straße«, fast bist direkt unter unsere Fenster.

»Schau mal, schau was für ein Schmuckstück!« stößt mich Papa in die Seite. »Wahrscheinlich achtzehntes Jahrhundert!«

Auf dem Bürgersteig steht im schmutzigen Schnee eine prächtige, mit Engels- und Jünglingsfiguren verzierte bronzene Uhr. Neben ihr friert eine ältere Frau in einem Karakulpelzmantel.

»Bürger!« blickt sie meinen Vater flehend an. »Nehmen Sie die Uhr! Es ist eine Antiquität! Achtzehntes Jahrhundert!«

Papa stößt mich wieder mit dem Ellenbogen: Habe ich es nicht gesagt?

»Wieviel verlangen Sie?« fragt Vater, nachdem er ein paar mal gehüstelt hat, meiner Ansicht nach um Seriosität bemüht.

Ich stehe daneben und möchte im Erdboden versinken vor Peinlichkeit. Aber wieso, wieso steigt er überhaupt in so ein Gespräch ein? Wir haben doch gar nicht vor, etwas »mitzunehmen«!

»Kaufen Sie … Sie werden nicht zugrunde gehen …«, flüstert die Frau. »Eine ererbte Reliquie … Insgesamt nur fünfzig Gramm Brot! …«

»Nein«, erwidert Vater, nachdem er wieder ein paarmal gehüstelt hat, jetzt schon verlegen. »Danke! Wir sind nicht interessiert.«

Die Frau begleitet uns mit ersterbendem Blick. Wahrscheinlich versteht sie, daß Leute wie wir kein Brot haben und nie eins haben werden.

Aber einige haben Brot, so unglaublich das auch ist, es gibt Brot. Auf dem Flohmarkt werden hier und da große Geschäfte abgewickelt. Für einen Laib Brot werden ganze Bibliotheken hergegeben, Möbel aus Mahagoni, teure Pelze, Fotoapparate, Bechstein-Flügel und überhaupt alles, was man möchte.

»Kommen Sie, gehen Sie mit mir«, bittet inständig ein alter Mann in Filzüberschuhen eine dicke Oma in einem zottigen Wollkleid, deren Einkaufsbeutel deutlich durch irgendwelche Lebensmittel ausgebeult ist. »Ich brauche unbedingt etwas Fett! Meine Frau stirbt, verstehen Sie? Nehmen Sie in der Wohnung alles, was Sie wollen. Es gibt Seidenstoffe, Tafelsilber … Gehen wir! Es ist hier, ganz nah, zwei Schritte.«

Aber während die Oma den alten Mann wegdrängt, laufen von allen Seiten andere Leute auf sie zu. Strecken ihr Jacken, Sandaletten, irgendwelche Mikroskope entgegen.

Die Tante bahnt sich schweigend weiter den Weg durch die Menge, wobei sie so tut, als bemerke sie niemanden.

»Iiih, ein Geizhals!« tönt es hinter ihr her.

»Eine Verkäuferin, wahrscheinlich …«

»Hat gehortet! … Selbst ißt sie nicht und anderen gibt sie nichts.«

Papas Gesicht verfinstert sich.

»Gehen wir nach Hause, Lenka?«

»Einverstanden …«

Wir biegen zu uns auf die »Große Moskauer Straße« ein. Im halbdunklen Torbogen schimmern alte Bücher mit Goldschnitt. Vater nimmt, ohne sich zurückhalten zu können, ein schweres Werk in einem grauen Einband in die Hand.

»Eine Enzyklopädie für Kinder!« schnalzt er begeistert mit der Zunge. »Ein alte Ausgabe! Von so etwas träume ich, um es für dich zu erwerben!«

Für die Enzyklopädie fordert man ein Bündel Brennholz. Im äußersten Fall – ein halbes Bündel. Im alleräußersten Fall – ein viertel.

Aber Brennholz haben wir auch nicht.

»Wir zwei sind nichtsnutzige Käufer!« scherzt Papa. »Bleibt mir denn nur, dich für irgend etwas einzutauschen?«

Und nachdem er die Handflächen wie ein Sprachrohr an den Mund gelegt hat, ruft er: »Wer braucht eine Schelmin, einen Schlingel, eine, die nicht gehorcht?«

Vaters Scherz kommt mir völlig fehl am Platz vor. Ich bin gekränkt und zerre meine Hand aus Vaters. Mir schießen die Tränen in die Augen.

»Papa! Hör auf! Papa, bitte …!«

»Was denn, was denn, Lenka! Ich mache doch nur einen Scherz!«

Vater gelingt es lange nicht, mich zu beruhigen.

»Wie du Angst gehabt hast, Dummerchen, daß ich dich an einen anderen Papa verkaufe!« behauptete er viele Jahre später.

Oh, diese elterliche Prahlerei!

Die Kommune

Um unseren Kanonenofen herum entsteht allmählich ein kleines Wohnheim.

Aus ihrer kalt gewordenen Wohnung sind zu uns Papas Schwester, Tante Sonja, mit ihrem Mann Nikolaj »untergesiedelt«. Er ist Schullehrer. Das Territorium des Zimmers ist durch unsichtbare Grenzen in Zellen aufgeteilt. Wir – die Komarovs – konzentrieren uns auf den Bezirk der Couch. Auf ihr schlafen die Eltern. Und für mich wird ein Kinderbett vom Zwischenboden heruntergeholt, in dem Onkel Saschas Dimka groß geworden ist. Heute befindet der sich mit seiner Mutter im Ural, in der Evakuierung. Dimkas Liegefläche hat »Laufstall«-Charakter, von allen Seiten ist sie mit einem Netz eingezäunt. In Wirklichkeit passe ich in diesen Käfig nicht hinein. Aber das ist kein Unglück. Wem kommt denn jetzt in den Sinn, ungezwungen ausgestreckt über die ganze Länge zu schlafen? Man muß sich zu einem Knäuel zusammenringeln, um die Wärme besser halten zu können. Daher ist Dimkas Bett für mich gerade richtig.

Tante Sonja und ihr Mann haben sich in der gegenüberliegenden Ecke eingerichtet. Dort ist eine hölzerne Liegestätte errichtet worden, davor ein Tisch, der aus zwei Koffern zusammengebaut ist. Das Material für die Liegestätte wurde aus dem Haus von Onkel Nikolaj gebracht. Es sind die Türen eines Kleiderschrankes, anläßlich dessen Erwerbs vor dem Krieg bei ihnen viele lustige Tanzfeste veranstaltet worden waren. Liegestätten sind auch *ENSE*. Nach allgemeinem Beschluß werden sie für den äußersten Fall aufbewahrt, wenn es unmöglich geworden ist, für unseren Kanonenofen noch einen einzige Span aufzuspüren.

Wenn Onkel Sascha bei sich zu Hause nächtigt, wird ihm das Bett auf dem Boden gemacht.

Bei den »großen Übernachtungen«, wenn wir alle versammelt sind, verstummen die Gespräche erst nach Mitternacht. Papa eröffnet die einmalige Vorstellung der »Rauch-Heizung«.

»Eins, zwei, drei!« kommandiert er.

Wir blasen gemeinsam die Backen auf und pusten unseren erwärmten Atem auf Kommando zur Decke, Schwaden weißen Rauchs. Und so – mehrere Male, solange keiner in Lachen ausbricht. Im Zimmer scheint es auch wirklich wärmer zu werden.

Sie heißt Galja …

Die endlosen Dezemberabende bringen wir beim Schein zweier Funzeln zu – Elektrizität gibt es schon lange nicht mehr. Eine Funzel hat Mama konstruiert, die zweite – Tante Sonja. Beide sind stolz auf ihre Findigkeit. Mamas Funzel ist genialer: Über der Öffnung einer großen flachen Maschinenölkanne, Gott weiß woher, ist vertikal ein gläsernes Reagenzglas angebracht. Darin ist der Docht. Die Ölkanne kann betankt werden, mit was eben nötig ist – mit Petroleum, wenn es gibt, Brennspiritus, wenn es gibt, auch mit Industriealkohol, wenn es gibt, und, im schlimmsten Falle, mit Blumenparfüm, ein Flakon aus Onkel Saschas Besitz. Die Funzel brennt mit einem schwachen, dafür aber stabilen Flämmchen. Tante Sonjas Funzel ist einfacher. Ein Stück weiß-gelbes Bienenwachs, welches für die Pflege des Parketts umgeschmolzen worden ist, wurde in eine Konservendose gegossen und mit einem Docht aus gedrehtem Bindfaden versehen. Dieses Öllämpchen brennt etwas heller, aber was es für Ruß abgibt! Doch Tante Sonja ist tief überzeugt davon, daß ihre »Tischlampe« besser ist: Neben ihr kann man wenigstens manchmal irgend etwas tun –

stopfen, lesen. Licht sparen wir, die Funzeln werden nur abwechselnd angezündet.

Einmal, als Mama gerade erst von der Arbeit zurückgekehrt war und wir uns neben den Kanonenofen gesetzt hatten, um die ständig klammen Finger zu wärmen, war im Vorzimmer ein schweres Gepolter zu hören. Ich springe auf, um nachzuschauen – Tante Sonja, sehr stark gekrümmt, keucht und schleppt etwas auf dem Rücken, das einem großen Sack ähnelt. – »Lenka, ist einer von den Männern da?« stößt sie hervor. »Schnell, helft mir … Los, macht schnell! …«

Mama kommt herausgelaufen. Zu dritt zerren wir in das Zimmer, was in der Dämmerung wie ein Sack aussah. Es ist ein Mensch. Ein Mädchen, etwa siebzehn Jahre alt. Die Augen sind fest geschlossen, die Arme hängen wie leblos herab.

»Sonja, wer ist das?«

»Oh frage nicht, ich erzähle es dann! Haben wir heißes Wasser?«

Tante Sonja und Mama legen das Mädchen zu uns auf die Couch, ich gieße kochendes Wasser aus dem Kessel in ein Glas, und wir versuchen alle zusammen, ihr Wasserschlückchen in den Mund zu gießen, massieren das Gesicht, die Hände. Endlich öffnet das Mädchen die Lider, mit Reif verbrämte Wimpern – im Zimmer ist eine solche Kälte, daß auch Rauhreif nicht taut …

Nach zwei Stunden kann unser Gast schon auf der Seite liegen, aufgestützt auf Kissen. Wir bieten ihr etwas zu essen an – als Anwort vergießt sie Tränen, dann, mit schüchterner Eile, verschlingt sie eine Brotrinde und eine Schale bittere Hirsegrütze. Mehr haben wir nicht …

Das Mädchen schläft ein, bedeckt mit einer Decke, und Tante Sonja erzählt: »Ich war schon in den Hauseingang eingebogen – plötzlich stolpere ich über etwas, es ist dort ja dunkel. Niedergebeugt schaue ich – sie liegt dort. Völlig erstarrt, die Beine stehen ab, dünne Beine ... Ich habe das Herz abgehört. Es klopft! Nur sehr selten, aber es klopft ... Nein, denke ich, man darf das Mädchen nicht so liegenlassen, es wird sterben, endgültig erfrieren ... Also lud ich sie mir auf die Schultern, begann zu schleppen. Aber sofort zittert alles innerlich bei mir, die Füße knicken zusammen.«

»Aber warum hast du uns nicht gerufen?« wundert sich Mama. »Wärst du heraufgekommen!«

»Wärst du heraufgekommen! Und woher nehme ich die Kraft – rauf-runter in den fünften Stock? Ich schleppe mich ja selbst schon kaum ...«

Ungefähr zwei Tage lang fragten wir das Mädchen nichts. Sie gönnte sich Bettruhe, aß ein bißchen – und schwieg völlig, nur ihre Augen bewegte sie leicht. Schließlich fing sie von selbst an zu reden.

Sie heißt Galja. Das Haus, wo Galinas Familie wohnte, wurde von einer Bombe getroffen. Die Mutter, die Schwester, der Bruder sind umgekommen. Galja selbst war nicht da, sie war weggegangen. Als sie statt ihres Hauses einen Trümmerhaufen fand, verlor sie direkt auf der Straße das Bewußtsein. Als sie wieder zur Besinnung kam, waren die Lebensmittelkarten schon nicht mehr in ihrer Tasche. Sie trieb sich in den Hauseingängen herum, entschloß sich, nicht zu Verwandten zu gehen, sie hatte Angst, daß sie ohne Karten nicht aufgenommen würde. Eine typische Tragödie der Blockade-Zeit ...

»Was werden wir tun?« Die Frage stellte Onkel Kolja. »Die Verwandten, Galja, hätte man trotzdem aufsuchen sollen ...«

Wie ihn Mama anschaute!

Weitere Gespräche gab es nie wieder. Von der Couch wurden Kissen und Schlummerrolle genommen und aus ihnen etwas wie eine Liegestätte geschaffen. Sie wurde im Zentrum plaziert, zwischen zwei unserer Zellen, neben dem Kamin. Mama breitete Galja unser einziges sauberes Laken aus, das letzte, die ganze übrige Bettwäsche war nicht gewaschen, da Wasser und Seife fehlten. Als Zudecke wurde Galja der Bärenpelz mit Fell nach innen und außen angeboten.

Danach tranken wir lange heißen Tee ohne Teeaufguß und ohne Zucker. Das heißt einfach heißes Wasser, aber uns war es angenehmer, es Tee zu nennen.

»Macht nichts«, sagte Mama. »Irgendwie werden wir überwintern. Gemeinsam wird es lustiger sein.«

Der Ausnahmezustand

Mit dem Auftauchen von Galja spitzten sich die Ernährungsprobleme wirklich zu – hatte sie doch keine Lebensmittelkarten. Dennoch mußte man durchhalten. Aber wie? Unsere Männer magerten völlig ab. Sie hatten dunkle, mit bräunlicher Schattierung versehene Gesichter, scharfe Adamsäpfel auf den Hälsen und schnell nachwachsende Barthaare. Der ordnunsgliebende Onkel Kolja rasiert sich zwei-, dreimal am Tag »auf eigenen Wunsch«. Der gleiche Wunsch taucht bei Papa äußerst selten auf. Daraus ergeben sich unangenehme Konflikte.

Bei Mama und Tante Sonja blutet das Zahnfleisch – Skorbut ...

Unter diesen Umständen wird der Ausnahmezustand verhängt. Die ganze Entscheidungsgewalt liegt in Mamas Händen.

Die Lebensmittelkarten, zu einem bunten Stapel geschichtet, werden Allgemeingut. Brot einzulösen – das Wort »kaufen« ist aus dem Lexikon der Leningrader verschwunden – ist mir und Galja aufgetragen. Während wir in kilometerlangen Schlangen stehen, geht dafür ungefähr ein halber Tag drauf. Wir warten Arm in Arm, flüstern uns ab und zu etwas zu, freuen uns, daß wir zu zweit sind ... Die übrigen Lebensmittel werden von den Großen eingelöst. Wenn die zehntägige Vorratsration aus den Geschäften nach Hause gebracht worden ist, wird sie geteilt. Alles, was es gibt, wird auf dem Tisch verteilt. Mama beginnt mit Messer und Teelöffel das Ritual. Das ist eine sehr schwierige Operation, die ein genaues Augenmaß und mathematische Fertigkeiten erfordert. Die Mitglieder der Kommune – sieben im November, jetzt zehn – essen dreimal am Tag. Und jede einzelne Portion muß man aufteilen, isolieren, einpacken in getrennte Papiertüten, danach die Tütchen auf die Schrankregale verteilen, und zwar so, daß sich dann keiner in deren Labyrinth verirrt.

Das Aufteilen nimmt den ganzen Abend in Anspruch. Mamas Hände bewegen sich rhythmisch und leicht – ein Teelöffel Getreide, ein Keks, ein erbsengroßes Klümpchen Fett. Danach – wieder dasselbe: ein knapper Teelöffel Getreide, ein Keks, ein Klümpchen Fett ... Hin und her, hin und her, hin und her ...

Schließlich ist das Aufteilen beendet, die Verpflegungsration sicher verwahrt. Jetzt ist unser Essen vorherbestimmt für die ganze Dekade. Jeder bekommt morgens, mittags und abends etwas Essen. Wenn auch zugegebenermaßen ganz, ganz wenig – aber alle bekommen etwas.

Die Verpflegungsrationen außerhalb der festgesetzten Zeit anzurühren ist verboten unter Androhung der härtesten Strafe. Eine solche Strafe stellt Mamas eisiges Schweigen dar. Einmal aß Vater, als er von der Arbeit besonders hungrig heimkam, zum Abendessen seine dreitägige Ration. Er war so unbeschreiblich hungrig, daß er, als er ins Zimmer kam, direkt, ohne abzulegen, auf den Schrank zusteuerte und augenblicklich den Inhalt von drei Verpflegungsrationen verschlang. Am nächsten Morgen, während ihm Mama die Hälfte ihres erbärmlich winzigen Frühstücks abgab, reagierte sie auf keines seiner Worte. Und so ging es einen Tag, zwei, drei, eine Woche … Papa erwarb sich nur mit Mühe die Verzeihung.

Tatsächlich fühlten wir alle insgeheim mit Vater und fütterten ihn aus unseren Verpflegungsrationen mit durch …

Ungeachtet des Ausnahmezustandes ging es bei uns oft auch lustig zu. Es kam der einäugige Schönling Onkel Sascha und begrüßte alle munter: »Na, wie sieht es aus, leben meine Dysthrophiekranken noch? Wie geht es euch?«

Dann, nachdem er verschmitzt Galja betrachtet hatte, legte er großes Erstaunen an den Tag: »Und woher bekommt man im Blockaden-Leningrad solche bezaubernden Fräuleins? Ach, ach, ach! …«

Galja stieg blasse Röte ins Gesicht, und sie vergrub ihr Gesicht an Tante Sonjas Schulter.

Manchmal taucht plötzlich der Freund von Onkel Sascha auf – Schurka Matwejew, ein Kapitän dritten Ranges – sein Schiff lag auf der Newa –, ein Sonderling, ein Witzemacher, ein Liebhaber der Poesie. Immer ordentlich, sehr gut rasiert, gebügelte Kleidung, brachte er lyrische Stimmung ins Haus. Mama streicht noch einmal mit dem Kamm über seine schon grau werdenden Haare –, als ob er knapp über dreißig wäre, witzelt Tante Sonja mit tiefer Stimme. Schurka las Alexander Blok, fragte, wie viele und welche Gedichte ich auswendig kenne. Ich kannte ein ganze Menge: von Puschkin, Nekrasow, Lermontow.

»Was du für eine Tochter hast, Fedja! Eine Gelehrte!«

Lange sprach man von den Ereignissen an der Front, über den kürzlichen Sieg bei Moskau, den man stürmisch feierte, und beschimpfte die Länder der Verbündeten: An was denken eigentlich die Amerikaner? Die Engländer? Wieso zögern sie mit der zweiten Front? Man verurteilte, freute sich und kam immer zu dem Schluß, daß wir es auch ohne die Engländer »den Deutschen zeigen werden«.

Galja hat etwas von ihrem Stolz aufgegeben, sich wieder neu belebt, hat sich an uns gewöhnt. Sie ist ein lieber, guter Mensch. Wortkarg, freundlich und kann anderen gut zuhören. Alle lieben Galja und sorgen sich um ihre Zukunft.

»Ich könnte dir Arbeit beim Evakuierungssammelpunkt besorgen«, schlägt Onkel Sascha vor.

Bei mir erstehen vor den Augen die Schultreppe, die Bahren, die bleichen, unbeweglichen Gesichter der vielen Toten …

»Geh nicht dorthin, geh nicht«, flüstere ich meiner neuen Freundin warnend zu. »Dort ist es schrecklich! Furchtbar! Ich erzähle dir nachher davon! …«

Zinaida Pavlovna ist bereit, Galja als LKW-Beladerin auf ihre Lebensmittelbasis zu nehmen, die sie als Betriebschefin leitet.

»Gehen Sie, liebe Galja, Sie werden es nicht bereuen. Sie werden immer satt sein. Ich verbürge mich dafür!«

Galja ist schon fast einverstanden, aber plötzlich mischt sich Tante Sonja ins Gespräch ein mit ihrer groben Geradlinigkeit:

»Sie werden das Mädchen nicht in ihre Machenschaften verwickeln. Sie wird auch so durchgefüttert. Wir lassen sie nicht verkommen.«

»Ich habe Ihnen, Sonja, außer Gutes nichts Schlechtes angetan«, erwidert Zinaida Pavlovna beleidigt und geht weg, wobei sie verärgert die Tür zuschlägt.

Unerwartet macht Galja ein Bekenntnis: »Ich nähe gerne. Meine Mama ist Schneiderin. War … Schneiderin.«

»Mit diesem Beruf kommst du nirgends um«, ruft Tante Sonja, nachdem sie geseufzt und geschwiegen hatte. »Warum hast du das nicht schon früher gesagt?«

Und wirklich, das neue Mitglied unserer Kommune bemüht sich um ihre erste Stelle als Schneiderin. Sie wird wattierte Jacken und Feldblusen nähen.

Bald bekommt Galja Gehalt und eine Lebensmittelkarte! Sie kommt nach Hause gelaufen, heulend vor Freude.

»Eine Lebensmittelkarte! Ich habe eine Lebensmittelkarte! Olga Sergejevna, hier, halten Sie mal! Aber ... Werden Sie auch nicht böse auf mich sein? Ich habe das Brot für heute schon eingelöst. Hier ...«

Galja holt aus ihrer Tasche einen Knust heraus.

»Verstehen Sie, ich bin in die Bäckerei gesprungen – einfach so, zum Schauen, für alle Fälle, und dort hatte man gerade frisches Brot geliefert, und die Schlange war nicht sehr groß. Und ich wollte doch so gern Lenka erfreuen! Das soll von mir eine Art Geschenk sein zu meinem ersten Gehaltstag, einverstanden? Sie sind nicht böse, oder?«

Mama ist nicht böse. Sie küßt Galja.

Und ich bin im siebenten Himmel! Und was dieses Geschenk für ein Geschenk ist! Ein ganzer Knust! Zuerst betrachte ich ihn lange, wobei ich ihn auf meiner Handfläche halte. In dieser Zeit entsteht in meinem Kopf ein genauer Plan, wie man am besten über den Knust verfügen kann, damit der Genuß verlängert wird.

Als erstes muß man mit dem Weichen beginnen, indem man nach und nach aus dem Knust alles raus ißt, außer der Rinde. Als zweites werde ich das Brot nicht abbeißen, sondern nur die lockeren Krümel vorsichtig mit den Lippen abbrechen. Wenn man sie mit der Zunge auf den Gaumen preßt und leicht saugt, wird der Brotgeschmack länger bewahrt. Als drittes, wenn dann nur noch die Rinde übrig ist, breche ich auf die vorsichtigste Art und Weise, damit nichts verloren geht, kleine Stücke davon ab. Sie riechen ein wenig nach Petroleum. Man kann sie lange im Mund behalten und genießen ...

Ein solch genaues Programm des Ablaufs entstand in mir. Mit ihm einverstanden, aß ich Galinas unvergeßliches Geschenk restlos auf.

Stärker als ein Elefant

Das Gefühl von Hunger ist mit nichts zu vergleichen. Es ist nichts anderem ähnlich.

Du bist ständig in einer erschöpfenden Ungeduld, einer Unruhe. Die Schwäche macht dich fertig, aber du kannst trotzdem nicht ruhig auf einem Platz sitzenbleiben. Mit was du dich auch beschäftigst – im Gehirn, mit der Geschwindigkeit eines Uhrwerks, ertönt ein und dasselbe Motiv: Hunger, ich habe Hunger! Ich bin hungrig! Hunger, ich habe Hunger! Ich bin hungrig! Hunger, ich habe Hunger! Ich bin hungrig! Und so bis ins Unendliche, bis zum Schwindelgefühl, bis zur Übelkeit. Die Unruhe jagt, zwingt dich, dich zu bewegen, irgendwelche Tätigkeiten auszuführen, irgend etwas zu suchen.

Alle sind arbeiten gegangen. Ich bin allein. Ich schlendere durch das Zimmer. Ich öffne den Schrank, schlage ihn aber sofort wieder zu, damit ich gar nicht erst die allgemeine Verpflegung sehe. Eine leere Kondensmilchdose, die Tante Sonja beim Frauenarzt verschrieben wurde – sie erwartet ein Kind und geht alle zwei Wochen zum Arzt –, schaue ich mit gierigem Seufzen an. Eine Dose, natürlich vollständig ausgekratzt, aber dennoch hat sich irgendwo in den Rillen an der Unterseite des Randes ein gelblicher angetrockneter Schimmer festgesetzt. Ihn kann man abkratzen, in den Mund stecken und sich für eine Minute vorstellen, daß im Mund eine volle dicke weiße Flüssigkeit ist. Aber das ist eine Fata Morgana. Sie geht vorbei, und das Motiv taucht erneut auf: Hunger, ich habe Hunger! Ich bin hungrig! ...

Ich gelange zum Regal, in dem die Hausapotheke verwahrt wird. Ich schaue hinein, eigentlich nur so, ohne irgendwelche besondere Hoffnungen. Was kann man sich schon in der Apotheke zum Essen holen? Aber ...

In durchsichtigen Reagenzgläsern, die mit Watte zugestopft sind – von diesen Reagenzgläsern gibt es viele, mindestens um die fünfzehn –, sehe ich mir bekannte Zuckererbsen. Homöopathie! Diese Dinger hatte Tante Julia eingenommen, und sie gab es in Hülle und Fülle bei uns auf der Vasilij Insel. Ich erinnere mich, wie darüber gesprochen wurde, daß »diese Homöopathen Wunder vollbringen« und daß ihre Medizin einzunehmen ein einziges Vergnügen sei.

Und wenn es ein Vergnügen ist – heißt das, man muß es probieren. Ich schütte mir den Inhalt eines Reagenzglases auf die Handfläche und befördere alles auf einmal in den Mund. Lecker! Süß! Ich nehme das zweite. Das dritte. Noch eins. Noch ...

Fünfzehn Reagenzgläser leere ich in fünfzehn Minuten. Das Gefühl von Hunger scheint mir schwächer geworden. Es lebe die Homöopathie!

Begeistert von dem Erfolg besuche ich die Apotheke immer öfters. Es stellt sich heraus, daß Glyzerin nicht schlechter ist als Honig. Zwei Fläschchen mit durchsichtiger, zuckersüßer Flüssigkeit vernichte ich mit wenigen Schlucken. Die Hustentropfen gefielen mir schon in der frühen Kindheit, und jetzt erst – davon muß man gar nicht sprechen. Und was ist das für eine Tüte? Getrocknete Heidelbeeren! Und wie konnten die Erwachsenen eine solche Kostbarkeit vergessen?

Als ich alles aufgegessen hatte, was meiner Ansicht nach eßbar war, nahm ich mir die Tabletten und Pulver vor. Aspirin schmeckte bitter, aber dafür gab es viel davon, letztlich kann man es genau so kauen wie Pyramidon, Streptozid und andere Medikamente. Ich hätte wahrscheinlich auch Maiglöckchentropfen und Mixturen ausgetrunken, wenn nicht einer der Erwachsenen plötzlich meinen Mißbrauch beendet hätte, nachdem er die Apotheke für irgendeine Notwendigkeit geöffnet hatte.

Als Mama erfuhr, daß ich auf ein Mal »die ganze Homöopathie« gegessen hatte, verschlug es ihr die Sprache, und Papa lief und wollte eigentlich den Notarzt rufen.

»Ich habe sie schon vor einer Woche gegessen«, teilte ich unschuldig mit.

»Nun ist es egal«, sagte Papa unklar und hilflos. »Schluß damit. Dort gibt es doch auch Gift. Die Erwachsenen nehmen von solchen Zuckerperlen bei Bedarf täglich eine, aber zehn Stück können einen Elefanten umbringen!«

»Dann heißt das, daß ich stärker als ein Elefant bin.«

Spaziergang auf der Prawda Straße

Die »Prawda Straße« ist in Wirklichkeit die Fortsetzung unserer »Großen Moskauer«, die durch eine Barrikade getrennt ist. In diesem Bezirk gibt es sehr viele Barrikaden. Eine schirmt sogar unser Haus von der Swetschnaja-Gasse her ab. Man hat sich auf die Straßenkämpfe vorbereitet, aber da sie bis zu uns noch nicht vorgedrungen sind, haben wir Kinder uns auf den furchtgebietenden Befestigungen niedergelassen.

An den seltenen, etwas wärmeren Tagen, wenn mir erlaubt wird, spazierenzugehen, nehme ich ein Stück auf der Straße aufgelesenes Dachblech und mache mich auf zu den Barrikaden. Auf der »Prawda Straße« sind die Barrikaden besonders groß und hoch aufgehäuft. Autos gibt es keine, und ich rutsche auf meinem Blech ungehindert die ganze Straße entlang bis zur erstbesten Schneewehe. Aber heute gelingt das Rutschen nicht.

Im Eckhaus gegenüber brennt es. Die letzten Stockwerke scheinen eingestürzt zu sein. Die Flammen flackern wie geschmeidige seidene Bänder im winterlichen Wind. Das Feuer löscht man nicht, es gibt kein Wasser ... Besondere Aufmerksamkeit weckt das Feuer bei den einzelnen Vorübergehenden nicht. In Kriegszeiten ist man das gewohnt. Nachdem die Bewohner flauschige Decken auf dem Schnee ausgebreitet und ihren geretteten Hausrat darauf gelegt haben, schauen sie schweigend auf das brennende Gebäude. Neben ihnen stehengeblieben, schaue auch ich hinauf.

Am Nebenhaus ist die Fassade durch eine Granate weggefegt. Alle sechs Stockwerke habe ihr Innerstes freigelegt. Die Zellen der Zimmer sind einem Bühnenbild sehr ähnlich, genau so glaubwürdig wie auch leblos.

Im dritten Stock, am Rand des Abgrunds, steht ein Klavier. Auf seinem lackierten Deckel liegt eine Schicht frischen Pulverschnees wie Ziegelstaub. Ein ungemachtes Bett mit weit herunterhängendem Laken. Auf einem Geweih – ein Hut, ein Mantel. Eine einfache Pendeluhr auf bunter Tapete.

Ich nehme mein Blech und schleppe mich in Richtung nach Hause zurück. Mir kommt ein junger Mann entgegen, der sehr steif und gerade geht. Mit einer Hand umgreift er auf der Schulter einen Körper, der in ein Laken gewickelt ist. So trägt man einen Holzstamm. Hinter ihm her stolpert ein weinendes Mädchen mit Zöpfen, eine Altersgenossin ... Wer ist bei ihnen gestorben? Die Mutter? Die Großmutter? Ich habe einen Kloß im Hals. Soll ich ihnen nachlaufen, mein Blech zur Verfügung stellen? Aber der junge Mann und das Mädchen sind schon weit.

Schlitten, Schlitten, Leichengewänder, Leichengewänder ...

Wie viele sah ich von ihnen in diesem Winter? Hunderte? Tausende?

Die Füße der Verstorbenen, die in ein Leintuch eingewickelt worden sind, sind erstarrt ausgestreckt. Die Lebenden ziehen gebeugt ihre traurige Last an einer Schnur. Trocken quietschen auf dem grauen Schnee die geflickten Filzstiefel …

Mein Schlitten, genauer Dimkas, steht bei uns im Vorzimmer – in Bereitschaft. Als jene Nachbarin gestorben ist, die Angst davor hatte, nicht abgekochtes Wasser zu trinken, transportierten Onkel Sascha und Papa sie auf Dimkas Schlitten zum Friedhof. Die Kinder aus der kinderreichen Familie wurden auch damit weggebracht. Ich habe Angst, diesen Schlitten anzuschauen. Wenn ich hinausgehe ins Vorzimmer, schaue ich nie in *diese* Ecke …

Mir wird kalt. Nach Hause! Nach Hause! Ich kehre um. Und plötzlich sehe ich, daß schräg über die Straße torkelnd ein zerlumptes halbwüchsiges Mädchen eilt. Sie sieht nichts um sich herum, spürt nur, daß man hinter ihr herjagt. In der an die Brust gedrückten Faust ist ein Stück Brot, so krampfhaft zusammengepreßt, daß zwischen den knöchernen Fingern wie Würmer die graue zähe Masse herauskriecht.

»Haltet sie! Haltet sie! Eine Diebin!« schreit laut und langgezogen eine Frau, die mit Mühe dem Mädchen nachjagt. »Gib her! Ich habe Kinder! Galina!«

Sie hat sie eingeholt. Sie schlägt ihr wild ins Gesicht, versucht die Hand des Mädchens zu öffnen. Aber das ist unmöglich: ein Würgegriff … Ein Blutrinnsal sickert über die Wangen der »Diebin« auf das plattgedrückte Weiche des Brotes.

»Was ist das, was mache ich denn?« ruft plötzlich die Frau. »Geh …« Und sie schlägt die Hände vor die Augen.

Ohne sich von der Stelle zu rühren, ohne sich abzuwenden stopft das Mädchen blitzschnell das zerdrückte, rot aufgedunsene Stück in den Mund. Und schluckt und schluckt, bevor sie geschafft hat, es zu zerkauen …

Warum es kein Wasser gibt ...

Und nicht dahin.
Und nicht dorthin ...

Dieses Liedchen brummt Papa vor sich hin, während er sich an die Newa aufmacht, um Wasser zu holen. Die Wasserleitungen sind völlig zugefroren, geplatzt. Ein Glas Wasser ist fast genauso kostbar wie Brot. Auf Dimkas Schlitten – ein anderes Transportmittel gibt es sowieso nicht – stellt Mama eine Dreiliterkanne aus Blech und bindet sie an den hölzernen Latten fest. Die Blechkanne wird mit einem ebenso alten wattierten Ärmel umwickelt, damit das Wasser nicht einfriert. Mehr als drei Liter ist mein Vater, eine erwachsene siebenunddreißigjährige Person, jetzt nicht in der Lage vom Fleck zu rühren. Für die Strecke bis zur Newa braucht er mehrere Stunden, obwohl sie gar nicht so arg weit weg ist. Man kann das Wasser auch aus der Fontanka holen, das ist näher, aber es sind üble Gerüchte über diesen Fluß in Umlauf. Man sagt, daß nachts Leichen ins Eisloch hinuntergelassen werden. Und daß das ganze Eis auf der Fontanka Abwasser und anderer Dreck ist – das sieht jeder.

Wir waschen uns schon lange nicht mehr. So wischen wir nur ab und zu mit einer feuchten Watte Gesicht und Hände ab. Ein Wattetupfer reicht für mich und Mama. Wenn er zerrupft ist, kratzt er erbarmungslos, aber damit – o weh! – muß man sich abfinden. Vater und ich halten das irgendwie aus, aber für Mama, die pedantisch reinlich ist, sind Läuse schlimmer als Hunger.

Von Zeit zu Zeit breitet sich die Nachricht aus, daß im Hof vom Haus Nummer sechsundfünfzig Wasser aus der Leitung kommt. Jetzt aber schnell! Ich schnappe den emaillierten Wasserkessel und – zur Oase. Wo sie sich befindet, muß man nicht lange suchen. Aus allen Hauseingängen springen Menschen mit Kasserollen, Krügen, Eimern und hasten rutschend, wobei sie sich gegenseitig überholen, in ein und dieselbe Richtung.

Aus dem Torbogen des Hauses Nummer sechsundfünfzig hängt schon der Schwanz der Schlange heraus. Er wächst rasch, wobei er zuerst um die Ecke biegt, dann das Haus wie einen Ring umgibt.

Im engen steinernen Kessel des Hofes ist die Menge als dichte Spirale gedreht. Diese Spirale rollt sich langsam ab, wobei sie mich dem ersehnten Ursprung zutreibt. Er versteckt sich im hintersten Eck des Hofes, über einem Kellerfenster. Um die schwachen Wasserstrahlen sind wunderliche Eisreliefs vor Kälte erstarrt ...

Der Wasserkessel wird schwerer in meiner Hand. Ein angenehmes Gefühl! So versorgte ich auch unsere Kommune mit Wasser für einen ganzen Tag. Ich platze vor Stolz. Ich trage es nach Hause und kehre zurück – ich werde noch einige Male Schlange stehen! ...

Wie sich jeder arrangiert

»Olga, Täubchen, Sie verstehen es überhaupt nicht, sich zu organisieren«, sagt Zinaida Pavlovna oft.

Und sie hat recht – wir können das nicht. Wir verkaufen nichts, kaufen nichts, tauschen nichts, leben einzig von den Lebensmittelkarten und den Ausspeisungsmarken, welche uns artig ab und zu Onkel Sascha aus den seinen heimlich zusteckt.

Zinaida Pavlovna selbst versteht es, sich zu arrangieren. Und nicht zu schlecht. Ihr zweites Zimmer verwandelt sich immer mehr in eine Filiale jener Lebensmittelbasis, in der die Nachbarin arbeitet. Und was es dort nicht alles gibt! Tüten mit Getreide, Fäßchen mit Sauerkraut, Flaschen mit Speiseöl und sogar einen ganzen Kasten mit Nudeln, von denen Zinaida Pavlovna sagte, daß sie »einem ihrer Freunde« gehörten. Übrigens zieht sie es vor, sich nicht über ihre Vorräte auszulassen. Ich bin einmal zufällig, einfach so in diese normalerweise mit vielen Schlössern verriegelte Schatzkammer hineingesprungen. Augenblicklich wurde ich von dort hinauskomplimentiert, aber nach den Nudeln, deren Anblick mich überraschte, habe ich trotzdem gefragt.

Ungeachtet dessen, daß vom dritten Ehemann schon lange keine einzige Spur mehr zu sehen ist, ist Zinaida Pavlovna ständig gut gelaunt, und sie macht, wie Tante Sonja bestätigt, »unserem Sascha den Hof«.

Eigentlich bin ich nicht ganz gerecht gegenüber Zinaida Pavlovna, aber in mir spricht die persönliche Beleidigung. Zinaida ist auf ihre Art und Weise gut – füttert Mama durch, half teilnahmsvoll und nicht nur einmal den Hungernden unseres Hauses aus der Not. Sie sind ihr alle dankbar: Das »Boudoir« wird ständig mit neuen Dingen vervollständigt. Mal taucht ein silbernes Milchkännchen auf, mal ein flauschiger Bettvorleger. Seidenstoffe, schwere Mantelstoffe, feinmelierte Wollgewebe stapeln sich in einer eisenbeschlagenen alten Truhe, die es früher auch nicht gab.

»Hat Asja mir geschenkt«, zeigt uns Zinaida Pavlovna einen hellblau gepunkteten Crêpe de Chine. »Es wäre doch sonderbar, hätte sie mir nichts geschenkt: habe ich ihr doch das Leben gerettet!«

Das stimmt. Zinaida Pavlovna hat Asja das Leben gerettet. Asja, die Tochter des Professors aus der Wohnung Nummer acht, der kürzlich gestorben ist, versuchte, Selbstmord zu begehen. Sie hatte sich die Schlagadern an den Handgelenken geöffnet und setzte sich in einen Sessel. Nach einigen Minuten besann sie sich eines Besseren, drückte die Schnittwunde zu und rannte ins Treppenhaus hinaus, wo in dieser Minute gerade Zinaida Pavlovna heraufkam.

»Helfen Sie, um Gottes Willen, helfen Sie!« stürzte sie sich auf unsere Nachbarin. »Ich werde mich erkenntlich erweisen, ich gebe Ihnen alles ...«

Zinaida Pavlovna verband Asjas Hände straff etwas oberhalb der Handgelenke und brachte ihr am nächsten Tag einen Teller Suppe. Jetzt vermehren sich an Zinaida Pawlovnas Händen die Goldringe. Asja hat ihr Wort gehalten, und vieles aus der Wohnung des Professors wanderte in das gemütliche »Boudoir« mit dem Kachelofen.

»Liebste Olga, glauben Sie, daß Sie mit Ihren Komponisten satt werden? Warum wollen Sie nicht in der Kantine arbeiten? Ich kann Sie dort als Kassiererin vermitteln, ich habe einen Bruder. Entscheiden Sie sich jetzt, nachher ist es zu spät – man kann sich vor Interessenten kaum retten. Gestern kam ein Doktor der Wissenschaften, hat reingeschnuppert.«

Aber Mama lehnt kategorisch ab.

Tante Sonja, die früher als Buchhalterin arbeitete, wurde von Zinaida Pavlovna als Kellnerin »vermittelt«. Tante Sonja kommt spät nach Hause, kann sich nicht mehr auf den Beinen halten vor Müdigkeit. Sie bringt in ihrer Tasche ein paar angebrannte, bittere Nudeln mit. Man legt sie mir in eine Schüssel, und dann klebe ich mit ihr Lebensmittelmarken, wobei wir statt Klebe diese Nudeln benutzen. Die Marken braucht man für die Buchführung. Ich klebe sie als abgegriffene, recht schmutzige Reihe in einer schiefen Linie auf die Heftseiten.

»Ach, Lenka, du könntest das für mich tun«, sagt Tante Sonja, und bevor sie sich schlafen legt, umhüllt sie die dünnen Schultern mit einem grauen Tuch.

»Tante Sonja kann sich auch nicht organisieren«, denke ich.

Silvester

Am 31. Dezember 1941, morgens, verkündet Mama: »Alle Lebensmittel werden für den Abend aufgehoben! Silvester muß man feiern, wie es sich gehört. Festtag ist Festtag.«

Und der Festtag zog in unser ungeheiztes, von Granatsplittern durchlöchertes Haus.

Den ganzen Tag hasten wir freudig hin und her. Den Faschisten, die unsere wunderschöne Stadt in die Luft sprengen, zum Trotz, den Bombenangriffen zum Trotz, den Läusen, dem Skorbut, der Dysthrophie zum Trotz werden wir Silvester fröhlich feiern! Wir werden lachen, singen, tanzen!

Nachdem wir den Gürtel etwas enger geschnallt haben, legen wir in eine alte, noch aus der Zeit vor dem Krieg stammende Tortenschachtel die karge Tagesration. Kleine Brotkanten, die aussehen wie ein Seifenrest, Schmelzkäsestücke, ein paar Stücke Soldatenzwieback, den uns Schurka Matwejew geschenkt hat. Meine Aufgabe ist es, die Vollständigkeit und die Aufbewahrung all dieser Schätze zu überwachen. Aber das ist so gut wie einem Wolf eine Herde Schafe anzuvertrauen – nein, nein, ich werde nichts aus der Schachtel herauskratzen. Ich vermute zu Recht, daß man mich als Wächterin dann dafür im Verdacht haben und bestrafen würde.

Die Erwachsenen kümmern sich um die Getränke.

»Hier, nehmen Sie den Sekt«, stellt Onkel Sascha feierlich eine in Zeitung eingewickelte Röhre auf den Tisch.

»Hast du wirklich einen aufgetrieben?!« staunt Mama. »Aber wo denn um Gottes Willen?«

»Wer suchet, der findet immer«, antwortet Onkel Sascha wichtig. »Dreh dich um ...«

Was ist das? Mama springt vom Tisch weg. Aus der zerfetzten Zeitung ragen gläserne Kolben, Reagenzgläser, in einer durchsichtigen Flüssigkeit schwimmen braune Frösche, irgendein Wurm.

Onkel Sascha kringelt sich vor Lachen. Bekannte Lehrer haben ihm einiges aus dem Biologielabor einer zerbombten Schule zum Geschenk gemacht.

Nachdem Mama den ersten Schrecken überwunden hat, gißt sie den Spiritus in eine Kristallglaskaraffe. Die »Kreaturen« werden ins Waschbecken gegossen. Es wird beschlossen, Papa nichts davon zu sagen, bis angestoßen wird.

Gegen Abend bringt jeder Nachbar das, was er kann, in unser Zimmer, das einfachste in der Wohnung. Einer bringt rotes Geschirr, der Dozent Rappoport, der heute aufgetaucht ist, ein weißes Damasttischtuch, Zinaida Pavlovna eine echte Kohlpirogge. Diese Pirogge glänzt zwischen unseren Blockade-Imbissen wie die Sonne. Ich bin schon ohne sie aufgeregt, aber jetzt gerate ich in wahre Begeisterung. Das wird ein Silvester werden!

Mama und Galja hantieren mit wichtigen Gesichtern am Tisch. Sie sind ausgezeichnete Serviererinnen, aber das Essen so zu verteilen, daß der Tisch nicht leer aussieht, ist keine leichte Aufgabe. Auf dem gemusterten Porzellangeschirr sieht die Brennesselsuppe offensichtlich nach nichts aus. Und die mehlige Tjurja[14] in der feinen Sauciere?

Es wird auch Brennholz gebracht – im Kanonenofen flackern lustige Flammen.

Im letzten Moment kommt Onkel Kolja hereingestürmt. Er hat für die Männer eine Überraschung – er hat, als Ergänzung zum Biologie-Spiritus, mit Mühe zwei flache Blechdosen Trockenspiritus aufgetrieben. Wenn man ihn etwas über dem Feuer erhitzt, verwandelt er sich wieder in gewöhnlichen, flüssigen.

Halb neun. Die Zeit wird knapp. Mama zieht schnell die wattierten Hosen aus und kleidet sich in ein blaues wollenes

---

13 Kalte Brotspeise mit Salzwasser.

Kleid – das ist ihr bestes Gewand. Papa ist heute extra dafür zu Fuß auf die Vasilij Insel gegangen. Ich habe eine rotes Band im Haar, die Haare hängen locker über die Schultern. Doch Zinaida Pavlovna stellt alle in den Schatten: Sie trägt ein leuchtendes Seidenkleid und darüber eine lange Weste – »einen Kasack« – aus dünnem Covercoat.

»Hat sich für Sascha angestrengt«, sagt Tante Sonja mit gemeiner Stimme. »Soll sie, soll sie sich anstrengen.«

Aber ich lasse jetzt diese Gehässigkeit nicht zu: Für die Pirogge bin ich bereit, Zinaida Pavlovna alles Erdenkliche zu verzeihen!

»Bis zum neuen Jahr sind es noch fünf Minuten«, teilt feierlich der Radiolautsprecher mit.

»Hört ihr, das ist Levitan! Hört ihr, wie er spricht? Versteht ihr, was das heißt?« wendet sich Papa uns aufgeregt zu.

Wir hören, verstehen: Den Sprecher Levitan kennen alle. An der Intonation seiner Stimme kann man schon vorher vermuten, wie der folgende Kriegsbericht des Sowjetischen Nachrichtendienstes sein wird.

Rhythmisch, in gemessenem Tempo, hell tönend, läutet das Glockenspiel des Kremls. Mit erhobenen Gläsern stehen wir und konzentrieren uns auf die Zeiger der Uhr.

»Meine Lieben«, spricht Onkel Kolja leise. »Damit es nicht das letzt Mal ist! Alles Gute zum neuen Jahr!«

Über Mamas Gesicht laufen Tränen. Sie wischt sie nicht weg, ihre Augen sind hell.

Dann gab es viel Lärm, Gelächter, Witze. Papa wurde verkündet, daß in diesem Spiritus, den er trinkt, vor drei Stunden noch Molche geschwommen sind. Papa demonstriert zur allgemeinen Belustigung völlige Verzweiflung. Ein ungewöhnlicher Vorfall passierte mit dem von Onkel Kolja mitgebrachten Trockenspiritus. Während lange Toasts auf die Gesundheit ausgesprochen wurden, war er ausgekühlt, und man mußte ihn mit dem Löffel aus dem Topf rauskratzen …

Es wurde das Koffergrammophon aufgezogen. Zum »Blauen bescheidenen Tuch«, das »von den herunterhängenden Schultern fiel«, fordert Onkel Sascha Zinaida Pavlovna galant zum Tanz auf.

»Liebster Sascha, warum kommen Sie nie bei mir vorbei, Tee trinken?« fragt sie schmachtend.

»Viel Arbeit, viel Arbeit, liebe Zinaida«, entgegnet er zärtlich. »Sobald ich Zeit habe ...«

Die »liebe Zinaida« droht kokett mit dem Finger.

Onkel Kolja sitzt auf der Couch, den Arm um seine Sonja gelegt. Sie haben geheiratet, als sie um die achtzehn Jahre alt waren. Sie können sich nie ausgiebig unterhalten, aber sie können stundenlang so dasitzen.

Papa ist leicht angeheitert und stimmt falsch in »Poljuschka-Pole« ein.

»Fed'ka, laß uns in Ruhe, du kannst überhaupt nicht singen«, lacht Mama. Hoch und rein, wie vor dem Krieg ...

Väterchen Frost bewirtet mit Suppe

Einen Tannenbaum hatten wir zu Silvester natürlich nicht bei uns zu Hause. Dafür brachte Onkel Sascha am ersten Januar eine Karte für eine Vormittagsvorstellung für Kinder in einer der benachbarten Schulen. Nachdem ich voller Eindrücke nach Hause zurückgekehrt war, schrieb ich in mein Tagebuch, obwohl ich, ungeachtet meiner frühen Belesenheit, noch nicht recht schreiben konnte. Hier ist dieser Text:

2. Januar Ich ging auf eine Neujahrsfeier dort gab es eine Vorfürung und ein Mittagessen mit zwei Gerichten und zum Nachtisch Göterspeise außerdem gab man uns noch 50 Gramm Brot als ich in die Schule kam warteten dort

schon die Kinder wir froren lange auf dem Gang im Sal waren andere Kinder dan lies man uns schlißlich hinein und dort froren wir auch und wir sind so eingefroren daß wir uns auf keinerlei Weise erwermen konnten egal wieviel wir auch mit den Beinen zapelten
bald began die Vorführung dort wurden sehr interesante Nummern gezeigt zum Beispiel wurden sehr lustige Onkel gezeigt Zauberkunststüke Zirkusnumern lider und nach der Vorfürung lud uns Väterchen Frost zum Mittagessen ein aber sofort konte man nicht esen weil andere Mitag asen dan sind auch wir Mitag essen gegangen das mitagesen sa so aus als Vorspeise Supe mit Graupen als Hauptgang aus schwarzen Nudeln und als Nachtisch gab es Göterspeise dan gab man uns Geschenke als Geschenke gab es Schokolade 6 Kekse oder zwei Bonbons und getroknete Früchte

Die Kinder versuchte man, wie es auch ging, durchzufüttern.

Im Laufe des Januar war ich kein einziges Mal mehr auf solchen Neujahrsfesten. Mehr als die Hälfte der »Neujahrsfest-Zeit« saßen wir im Luftschutzkeller. Dafür bereitete eine kleine Tüte mit Geschenken unbeschreibliche Freude.

Tante Julias Geburtstag

Tante Julias Geburtstag rückt näher. In alter Tradition versammeln sich einmal im Jahr zu diesem Anlaß die Verwandten bei ihr in der »Achtzehnten Linie«. Tante Julia freut sich und unter der allgemeinen Aufmerksamkeit bemüht sie sich immer, ihr Bestes zu geben. Die dürftigen Ersparnisse gab sie immer für teure Wurst, gedörrten Störrücken und Käse aus. Als Hauptgericht wurden stets Würstchen mit Kartoffelpüree und warm dampfenden

Piroggen gereicht. Und danach gab es Tee mit Kringeln und Marmeladen verschiedenster Sorten. Da mußte man schon lange stillsitzen, essen bis zum Platzen, die Vorspeisen loben und eingehend und interessiert die Qualität der Marmelade diskutieren. Tante Julia blühte auf, aber die Verwandten fühlten sich niedergedrückt, wie Leute, die ihre Pflicht erfüllen. Während sich alle vom Mahl erholten, schaltete und waltete ich immer mit Vergnügen in Tante Julias Zimmer. Ich blätterte die schweren Alben durch mit den vielen alten Fotografien, auf denen meine schöne Großmutter und das Dummchen, Tante Julia, lächeln – beide haben Damenfrisuren mit falschen Haarteilen und tragen Kleider mit Rüschen und Puffärmeln. Ich schaue in eine Pappschachtel mit irgendwelchen billigen Parfüms, die noch von vor dem Krieg sind. Im verdunsteten Flakon hat sich ein dunkler Tropfen einer Baldrian ähnlichen Flüssigkeit bewahrt. Leichter grauer Staub wird aus der dreieckigen Schachtel mit dem Puder »Weißer Schwan« aufgewirbelt. In einem anderen zerrissenen, samtenen Album mit kupfernem Verschluß prangen alte Glückwunschkarten, der Gegenstand meines Neids: lustige gelbe Küken neben einem vergoldeten Osterei, ein träumerisches Fräulein mit einem riesigen Hut mit Federn.

Seit Beginn der Blockade und der Hungersnot glänzt Tante Julias Geburtstag auf einem unangefochtenem Plätzchen. Ich träumte von einem gedeckten Tisch, dem guten Lächeln der Tante, und vor allem von heißen rosa Würstchen, die auf der Spitze der Gabel hängen …

Vor dem ersehnten Datum verbringe ich eine traumlose Nacht.

»Wir werden sehen, wie das Wetter ist«, hatte Mama abends gesagt.

Morgens – gleich zum Fenster! Schneesturm … Alles ist gestorben!

»Mama, Mama! ...«

»Lena, wir werden es nicht bis dahin schaffen, du siehst selbst.«

»Wir werden es schaffen!«

»Nein, das ist unmöglich.«

Weinend laufe ich ins Vorzimmer. Wie kann ich es anstellen, daß Mama einwilligt? Sie zu überreden ist nutzlos, sie ist, wie Vater sagt, hart wie Stein ... Wenn es doch Gott gäbe! Vater sagt, daß es ihn nicht gibt, daß irgendwelche ungebildeten Leute sich Gott ausgedacht haben. Aber vielleicht kann man es probieren? Ich bin doch auch noch eine kleine, ungebildete ...

Nachdem ich meine Hände so zusammengelegt habe, wie es mich irgendwann meine religiöse Großmutter gelehrt hat, wende ich mich an den Leningrader Himmel: »Mach, daß wir zu Tante Julia gehen! Ich bitte dich sehr-sehr-sehr ... Na, was kostet dich das? Tu etwas!«

Ich konnte mich nicht entschließen, Gott beim Namen zu nennen.

»Lenka«, ruft Mama, nachdem sie die Tür etwas geöffnet hat. »Mach dich schnell fertig. Draußen hat es etwas nachgelassen.«

Hurra! Danke Gott! Er hat geholfen! Obwohl es ihn nicht gibt, aber er hat geholfen!

Wir machen uns auf den langen Weg. Wir versuchen, energisch zu gehen, doch die Häuser schwimmen wie in Zeitlupe vorbei. Jetzt setzte nicht ich mich, sondern Mama oft direkt auf die Schneewehen – um zu verschnaufen. Bei einer der Ruhepausen wird ihr Gesicht aschgrau, sie schließt fest die Augenlieder und nimmt mich an die Hand.

»Mama, was hast du? Mama!«

»Ich dachte schon, daß ich nicht mehr aufstehen werde, daß es das Ende ist«, erzählte sie abends Vater.

Viele sind damals so auf den Schneewächten gestorben. Der Mensch setzt sich für eine Minute – und kann nicht mehr aufstehen.

Aber Tante wartete auf uns! Sie hatte ihr kleines helles Zimmer ordentlich geheizt. Aus grauem, aus Tapeten gemahlenem Mehl hatte sie Blintschiki gebacken. Mit irgendeiner ungewöhnlich leckeren Zutat hat sie den wilden Kohl verfeinert, und aus dem furnierten Schrank zog sie ein Gläschen Marmelade aus der Zeit noch vor dem Krieg:

»Habe ich aufgehoben für meine liebe, kleine Lenka ... «

Friedlich tickt die blecherne Pendeluhr an der Wand. Ich liege, nachdem ich mich vollkommen satt gegessen habe, in weichen Kissen, Mama und Tante Julia flüstern miteinander, wobei sie die Namen von Verwandten austauschen.

Es wurden Onkel Volodja und die liebe Vera begraben.

Bei Sena starb das Söhnchen. Annuschka liegt mit Skorbut. Tolja ist an der Front auf den Pulkow-Höhen gefallen.

»Ich habe alles vorbereitet, damit alle Verwandten etwas bekommen können«, sagt Tante Julia. »Aber ich werde keine Gedecke auflegen, nur weinen. Wer unter den Lebenden ist – weiß ich nicht. Wer es bis zu mir schafft – weiß ich auch nicht.«

Mittagessen für Tagore

Mal wurde das eine, mal das andere Mitglied unserer Kommune plötzlich schwächer. Als erste legte sich Mama. Sie hat Dysthrophie ersten Grades, und außerdem haben sich Tuberkel bei ihr gefunden. Sie beklagt sich über nichts, obwohl die mit schwarzem Ichtiolom durchtränkten Binden – mit ihnen muß der Hals umwickelt werden – wegen ihres unangenehmen Anblicks sie zur Verzweiflung bringen, und liegt ganz ruhig da. Und immer weniger sind die Konturen ihres Körpers unter der Steppdecke zu erkennen …

Einmal wache ich mitten in der Nacht von irgendeinem beunruhigenden Lärm auf. Die Petroleumfunzel ist angezündet. Über die Zimmerdecke biegt sich wie eine Wippe Papas riesiger Schatten. Tante Sonjas Stimme klingt schrill und erschreckt. Sie fragt schnell und oft: »Olja! Olja! Was machst du? Was machst du denn? Olgen'ka! Puls? Wo ist der Puls? Fedja!«

Papas Schatten wechselt blitzschnell auf die Seite zum Büfett. Dort ist die Verpflegungsration, die wir gestern für die nächste Dekade bekommen haben, versteckt.

»Wo ist das Fett?! Schneller!«

Verschlafen und überwältigt von einem unerwarteten wehmütigen Schmerz, verstehe ich überhaupt nicht, was geschieht. Tante Sonja drückt mit einem Löffel Mamas klappernde Zähne auseinander, und Papa und sie versuchen gemeinsam, ihr ein glitschiges gelbes Klümpchen Fett in den Mund zu stopfen.

Es vergeht eine quälende, bange Minute, eine zweite … Endlich macht Mama mit ihren Lippen eine kaum zu merkende Bewegung. Sie schluckt! Sie lebt!

Tante Sonja weint in ihrer Ecke. Vater sitzt lange auf dem Stuhl neben Mama, die immer wieder laut hörbar Luft holt.

Am Morgen lächelt Mama uns schwach an, bittet um etwas zu trinken und dreht sich vorsichtig auf die Seite. Wir sind glücklich.

»Trotzdem bin ich genial!« lobt sich Papa. »Kein anderer hat an das Fett gedacht. Ich habe eine neue Medizin erfunden – sie half einwandfrei!«

Nach dieser wundersamen Heilung pflegen wir Mama mit der ganzen Kommune. Onkel Sascha erwirkt für sie

»Kraftnahrung«. Dreimal am Tag gehe ich zum »Fünfeck« in eine Ausspeisungsküche, die in einem Keller eingerichtet ist, wo man mir auf besondere Anfrage Hirse-Kascha, manchmal mit Margarine versehen, und einige Kügelchen Pferdefleisch ausgibt. Sie werden sehr gewählt benannt – Fleischklöße. Mamas Ration gebe ich in ein Halblitereinmachglas und trage sie vorsichtig nach Hause, wobei ich die ganze Zeit fürchte, auf dem Straßenpflaster auszurutschen und zu fallen.

Zu Hause wärmt Vater die Kascha auf, wobei er vor sich hin spricht: »Jetzt bekommt unsere liebe Mutter ein Essen wie beim Zar! In dieser Kantine wird ausgezeichnet gekocht. Das hat man mir erzählt. Selbst Rabindranath Tagore hätte ein solches Mittagessen nicht abgelehnt!«

Warum Rabindranath Tagore? Wer ist dieser Rabindranath Tagore? Wie immer fehlt mir der Sinn in Papas Witzen.

Diese Scherze reizen auch Mama. Wie es scheint, schlägt sie deshalb sehr energisch, auch wenn noch zu schwach, um böse zu werden, Vaters Dienste aus.

»Was ist das für ein Geschwätz? Mich füttert Lenka.«

»Das kommt nicht in Frage! Ich mache das selbst!«

»Nein, Lenka. Ich möchte das so. Streite nicht!«

Als ich Mama den Teller mit Essen bringe, sagt sie mir ganz ganz leise ins Ohr: »Schirme mich zu Papa mit deinem Rücken ab. So. Jetzt beuge dich runter. Tiefer, tiefer. Jetzt sag ›A‹.«

»A!«

Die Fleischklöße aus Pferdefleisch geraten in meinen Mund. Papa wittert nichts Gutes und scharwenzelt unweit herum, wobei er versucht, über meine Schulter zu schauen.

Um seine Wachsamkeit abzulenken, schmatzt Mama mit den Lippen: »Oh, wie ist das lecker! Von solchen Fleischklößen hätte Tagore nur träumen können!«

Papa ist zufrieden. Mich quälen leichte Gewissensbisse.

Krokodila Semjonovna

Irgendwann zum Frühjahr hin durfte ich wieder in die Schule gehen. Aber dieses Mal nicht in den Keller, sondern in eine echte, große Leningrader Schule. In ihr, eine der wenigen im Bezirk, lief plötzlich der Unterricht wieder an.

Eine große, sehr hagere Lehrerin mit Brille und mit Feiertagskopfputz im Nacken stellt sich uns vor: »Kinder, ich habe einen sehr schwierigen Vornamen und Vatersnamen. Ich schreibe ihn euch jetzt in Druckbuchstaben auf die Tafel: NEONILA ZENONOVNA«

Wir tauften sie sofort Krokodila Semjonovna.

Krokodila ist kurzsichtig, zerstreut und vergißt oft, was sie uns als Hausausgabe aufgegeben hat. Jegliches Vergehen bestraft sie – schickt einen vor die Türe. Mir gefällt diese »Verbannung«. Man kann in Ruhe alle Stockwerke des Schulgebäudes abgehen, beim Spaziergang in den Festsaal hineinschauen, von dem ich lange dachte, daß dort Volkszählungen durchgeführt werden – das Wort habe ich aus Büchern aufgeschnappt –, man kann die Nase in ein leeres Chemielabor stecken, das mit verstaubten Retorten vollgestellt ist, oder durch die leere Vorhalle schlendern.

In der Schule ist es nicht geheizt, wie überall, deshalb sitzen wir in den Unterrichtsstunden in Mänteln, wattierten Jacken, Pelzmänteln da. Die Lehrerin kommt männlich in einem blauen Anzug mit breitschultrigem Männerjackett daher. Aber man sieht, daß sie darunter »Unterzeug« anhat. Der schrecklichste Moment ist der Beginn der ersten Stunde. Da ist die Hygienekommission aktiv. Man muß ihr sein Unterhemd vorzeigen – dies ist ein Objekt für das Vorhandensein von Läusen. Läuse haben natürlich viele, fast alle. Gleich, nachdem man sich in die Bank gesetzt hat, müssen sie unbedingt vernichtet werden, und dann muß man erneut die Wäsche »vorstellen«.

Oh, diese gräßliche Prozedur! Der vor Kälte blaue Körper zittert. Die Knöpfe an der Miederweste lassen sich mit den steifen Fingern nicht öffnen. Und dann ist da noch die Spöttelei der Jungens, die selbst nicht besser sind, aber sich sehr viel auf sich einbilden …

Wieder warm zu werden gelingt so gerade bis zum Ende der nächsten Stunden. In den Augen von Krokodila Semjonovna errate ich Mitgefühl, aber äußerlich zeigt sie es auf keine Weise.

»Komarovskaja, wieder ist in deinem Heft ein Krokodil gemalt, und wieder schwätzt du mit dem Antipov. Verlasse die Klasse. Geh spazieren und denke nach …«

Ein hinterlistiger Stamm

Ich stelle mich mir als dysthrophobische kümmerliche Gestalt vor. Auf der Straße habe ich nur Augen und Nase. Aber mein Charakter ist gesellig, fröhlich. In der Wohnung mögen mich alle, doch in der Klasse ist es schwieriger. Dort erteilt mir das Leben einige harte Lektionen.

Und die Wichtigste von ihnen ist – man darf den Jungens nicht vertrauen. Das ist ein hinterlistiger Stamm. Sie sind böse, treulos und kennen kein Mitleid.

Die Stunden sind zu Ende. Bis nach Hause sind es zwei Blocks. Aber was kostet mich dieser kurze Weg für Leiden! Schon in der letzten Stunde werde ich unruhig und betrachte verstohlen unsere Vertreter des starken Geschlechts. Wer wird mich heute auswählen und verprügeln? Oder vielleicht nur mit der Schleuder auf mich zielen? Mit Steinen werfen? Wenn doch einer mich beschützte!

Und unerwartet bietet mir einer wirklich seinen Schutz an. Im Tausch für die glänzende Christbaumkugel, die ich gerne in den Händen drehe. Ob ich einverstanden bin? Was ist das für eine Frage! Die Kugel verschwindet in der Tasche von Buschu – Witka Buscheijew.

Wir verabreden uns so: ich gehe zuerst aus der Schule, und er holt mich an der Ecke ein, damit unser Bündnis nicht so offensichtlich ist. Allen Überfällen kann er sich statt meiner erwehren.

Zum ersten Mal bin ich in der letzten Stunde ruhig. Freundschaftlich zwinkere ich meinem Ritter zu. Buschu antwortet mir mit dem breitesten Lächeln, wobei er zahnlückige Zähne zeigt: wahrlich ein Anständiger!

Und er holt mich wirklich an der Ecke ein. Mein Herz schmilzt vor Gefühlen der Anerkennung und Sicherheit. Welch ein Glück, daß es auf der Welt solche wie Buschu gibt! Aber – was hat er vor? Ist doch rundherum noch niemand zu sehen. Lohnt es sich, schon vorzeitig die Schultasche hin und her zu schwenken?

Die Kette meiner Überlegungen wird von einem Schlag auf den Kopf unterbrochen. Noch einer. Noch! Noch!

Ein Scheusal! Und was für ein Scheusal! Was bin ich nur für eine Idiotin! Um mich und Buschu herum springen und spotten meine täglichen Peiniger: Bravo Witka! Wie du mich beschützt hast! Wie sich herausstellt, war das alles vorher abgesprochen.

Buschus Freund war ein gewisser Edik, ein eingebildeter, rotwangiger Kerl. Seine Mutter arbeitete in der Schulküche. Beim Schulmittagessen, zu dem wir meistens Suppe aus getrockneten Kartoffeln bekamen, rührte Edik nichts an. Sein Teller blieb voll! Das ging über meinen Verstand: Ediks Teller bestimmte alle meine Gedanken. Lange nahm ich mich zusammen, fürchtete mich, bekämpfte meinen Stolz, bis ich mich einmal – nur einmal! – entschloß, mich mit der Bitte an ihn zu wenden.

»Du ißt doch sowieso nicht, kann ich mir vielleicht ein bißchen umgießen …?«

Edik schaute mich mit starrem Blick an. Große Verachtung zeigte sein Gesichtsausdruck. Und plötzlich fing er an durch den ganzen Saal zu schreien: »Die Komarova bettelt um Mittagessen!!!«

Ich weinte lange, schloß mich von der Außenwelt ab, wurde boshaft – gekränkt hänselte ich die Jungens und beschwerte mich seitdem sogar bei Krokodila Semjenovna über sie. Nach meinen »Verleumdungen« wurde es jedoch nur schlimmer.

Zojka

Dann entdeckte ich Zojka für mich.

Zuerst hatte ich sie gar nicht bemerkt. Sie saß in der vorletzten Bank, allein, und fiel überhaupt nicht zwischen den anderen Kindern auf. Sie war genau so eine schwächliche, in Schals, Jacke und Kleid eingemummelte Erscheinung wie wir alle. Wenn Krokodila sie an die Tafel rief, dachte Zojka lange nach, bevor sie antwortete. So lange, daß die Jungens zu lärmen und sticheln anfingen. Aber Zojka reagierte in keiner Weise darauf. Sie dachte. Dafür antwortete sie dann mit klarer, fester Stimme, ohne zu stocken. Die strenge Krokodila gab ihr immer ein »Ausgezeichnet«, und allen war klar, daß dieses »Ausgezeichnet« ein »gesetzliches« war. Ich lernte gut, obwohl ich faul und unordentlich war, und ich bemühte mich nicht bei der Vorbereitung der Stunden – ich nützte mein gutes Gedächnis und die Gabe, reden zu können, aus. Gründlichkeit gab es in meinem Lernen nicht. In Zojas jedoch schon.

Eines Tages hat sich Krokodila eine Sitzänderung einfallen lassen. Man mußte irgendwelche Jungensgruppen trennen. Die Folge war, daß ich genau auf die Bank geriet, wo Zojka saß. Sie sah mich mit kleinen grunen Augen prüfend an und sagte nichts.

Am nächsten Tag in der Pause zog sie, nachdem sie in ihrer Tasche herumgewühlt hatte, den Rest eines Sonnenblumenölfruchtkuchens heraus, der aussah wie Halwa.[15] Ich drehte mich rücksichtsvoll um. Hinter meinem Rücken hörte ich ein Knirschen: Der Ölfruchtkuchen wurde zerbissen.

Als ich mich wieder umwandte, war Zojka schon nicht mehr neben mir, und auf meinem Heft lag ein feuchtes graues Klümpchen.

»Gut hast du ihn zerbissen«, sagte ich verlegen in der nächsten Stunde zu meiner Nachbarin, »genau in gleiche Teile!«

»Ich bin doch ein Nagehase!« sagte Zojka, lächelte mir das erstemal zu und zeigte dabei zwei große weiße Zähne, wirklich wie bei einem Hasen.

Wir freundeten uns an. Jetzt war ich in der Klasse nicht mehr einsam.

Die innersten Höfe

Völlig anders verlief von jetzt an mein Schulleben. Zojka und ich sind unzertrennlich. Sie wohnt nicht weit weg von uns, in der Rasesschaja Straße, und wir treffen uns morgens zur vereinbarten Zeit, um gemeinsam in die Schule zu gehen. Wenn Fliegeralarm ertönt und die ganze Klasse, allen voran Krokodila Semjonovna, in den Luftschutzkeller hinuntergeht, verstecken sich Zojka und ich in der dunkelsten Ecke. Wir umarmen uns und erzählen uns gegenseitig allerlei Lügengeschichten. Ich zum Beispiel teile ihr mit, daß ich dieser Tage die »Svetschnaja Gasse« entlanggegangen bin

---

[15] Orientalische Süßigkeit, bestehend aus einer flockigen Mischung von zerstoßenen Sesamsamen und Honig oder Sirup.

und plötzlich sehe – da liegt eine Geldbörse. Und darin sind herrenlose Marken für Mittagessen in der nächstgelegenen Kantine. Ich gehe und esse. Im Prinzip könnte doch so etwas passieren, oder? Zojka ist an der Reihe und phantasiert, daß Flakschützen sie zu sich eingeladen haben. Sie ließen sie auf ein deutsches Flugzeug »bummern«, das Flugzeug explodierte und breitete über den Himmel eine lange, schwarze Rauchschleppe aus. Dafür bewirteten die Flakschützen Zojka mit echter heißer Kohlsuppe, nicht mit Brennesselsuppe. So etwas ist aber unmöglich, Zojka hat vollkommen phantasiert. Aber so haben wir es auch von Anfang an ausgemacht – leichtsinnig und ausschweifend erfinden!

Wenn es nicht sehr kalt war, bummelten wir nach der Schule durch die angrenzenden Höfe, sogar ohne vorher zu Hause vorbeizuschauen.

Die steinernen Brunnen sahen wunderlich aus. Aus den durch den Frost geplatzten Rohren war Wasser herausgeronnen und erstarrt. Unbewegliche, durchsichtige Kaskaden, merkwürdige, vielschichtige Überläufe, gigantische Eiszapfen glänzten im Innern mal bläulich, mal grünlich. Aber am häufigsten sind sie gelb – vom Dreck, der hier aus den Eimern ausgegossen wird: Die Kanalisation in der Stadt funktioniert nicht…

Nicht ein Hof gleicht dem anderen – einer ist wunderlicher als der andere.

Besonders gefiel es uns, die innersten Höfe ausfindig zu machen. Wir kletterten über Eisblöcke, versuchten es über die Außenleitern, solange wir keinen Durchgang fanden – und kamen schließlich zuerst in den zweiten Hof und dann in den am tiefsten drin gelegenen dritten.

Hier blieben wir gewöhnlich zum Spielen. Wenn Schnee gefallen war, machten wir einen Schneemann, manchmal bauten wir eine Hütte aus Eisblöcken oder spielten Verstecken.

In den dritten Höfen fühlten wir uns in vollkommener Sicherheit. Die Stadt gab uns vor allen Angriffen und Bomben ein Versteck, das keinem bekannt war.

Und richtig, in die innersten Höfe flog keine einzige Granate! Zumindest dachten wir das.

Vitamine

Es riecht nach Frühling! Die Luft ist von Licht durchdrungen, die liebe Sonne wärmt ein bißchen. Eigentlich sollte man sich über die Sonne freuen, aber Leningrad sieht unter den hellen Strahlen besonders deprimierend aus. Die Ruinen fallen einem viel stärker auf; der Schnee, der den ganzen Winter über nicht weggeräumt wurde, zerfließt schmutzig auf dem Straßenpflaster und dem Trottoir. Unsere geliebten inneren Höfe, vor kurzem noch so märchenhaft, verwandeln sich in Kloaken. Und die Leute! ... Wie sehen die Leute aus! Blaß, aufgedunsen, vor urlanger Zeit zuletzt so gewaschen, wie es sich eigentlich gehört ... Sie schleppen sich mühsam die Straßen entlang, wobei sie die Augen zusammenkneifen vor dem Licht, und schwanken wie Betrunkene. Die Vitamine! Man braucht Vitamine!

»Sonst krepieren wir. Wie die Fliegen.« Das erklärt Papa.

Und obwohl Mama ihn scharf unterbricht, ihn einen Panikmacher nennt, ist Vater, bitte sehr, nicht weit weg von der Wahrheit.

Mama liegt wieder. Die ganze Zeit in ein und derselben Haltung – auf dem Rücken, den Kopf ein bißchen gedreht auf einem Kissen. Das Kissen ist grau, das Gesicht ist grau, die Haare sind grau, graue Augen ... Alle fünf Minuten rufe ich Mama zu:

»Schläfst du? Schläfst?«

»Nein«, erklärt Mama kaum hörbar.

Ich lasse mich auf Mamas Überredungen, »sie mit Buletten zu füttern«, nicht mehr ein, und wenn sie zu Mittag ißt, gehe ich ins Vorzimmer hinaus.

Ich habe meine gewohnte Lebendigkeit verloren und falle oft in eine Art Halbschlaf. Ich vergesse sogar, daß ich hungrig bin – ich habe keine Lust mehr, zu sprechen, mich zu bewegen, zu denken, zu lesen ... Ich schwänze die Schule, erstarre längere Zeit, nachdem ich mich regungslos in meinem vergitterten Bett zusammengerollt habe. Und Papa, wenn er zu Hause ist, ruft mir oft zu:

»Lenka? He, Lenka?«

Papa selbst ist auch einem Gespenst ähnlich. Lange, abgemagerte Beine, eingefallene Wangen, die Augen glänzen irgendwie seltsam unter den Augenbrauen, in denen graue Härchen auftauchen.

Nur wenig besser sehen die anderen aus. Tante Sonja hat einen kräftezehrenden, blutigen Durchfall. Onkel Saschas geliebte Anrede »Hallo ihr Dysthrophiker« hört sich unter diesen Umständen nicht mehr lustig an. Übrigens, er hütet sich selbst davor, sie zu benutzen – er ist ernsthaft über unsere Lage besorgt.

Man muß entschieden etwas unternehmen.

»Gut wäre es, Zwiebelschalen aufzutreiben«, sagt Onkel Kolja. »Sie enthalten eine Unmenge Vitamine!«

Klar, daß kein Mensch von Zwiebeln auch nur träumen kann. Es ist sonnenklar, daß es keine Zwiebeln gibt und nicht geben kann, aber Schalen – vielleicht. Sie kann man wirklich für viel Geld oder für Brot auf dem Flohmarkt kaufen. Onkel Sascha opfert dafür seine Tagesration Brot – er lebt trotzdem um einiges besser als wir, er hat eine Soldatenverpflegungsration. Papa bringt, nachdem er sich drei Stunden auf dem Kusnetschyj Markt durchgedrängt hat, zwei Händevoll rot-violetten Abfalls. Das sind dicke feste

Zwiebelschalen. Sie werden lange gekocht, und das Zimmer wird von einem anregenden Zwiebelaroma erfüllt. Aber die braune Brühe hat einen ekelhaften Geschmack. Dennoch nehmen wir sie morgens und abends zu uns, einen Eßlöffel voll, wobei wir Angst haben, auch nur einen Tropfen zu verschütten. Irgendeinen besonderen Nutzen kann man aber nicht erkennen. Wir kränkeln weiter.

Einmal erscheint Onkel Sascha zu Hause zu einer ungewohnten Zeit. Er hat einen vielsagenden Ausdruck auf dem Gesicht, wie einer, der eine gewichtige Überraschung geheimhält.

»Ei, ihr Dysthrophiker!« begrüßt er uns in alter Weise. »Ihr versauert hier und wißt überhaupt nicht, was in der weiten Welt vor sich geht!«

Und er stellt eine Papiertüte auf den Tisch.

»Los, Nichte, schau rein!«

In der Tüte sind getrocknete Kiefernnadeln.

»Und wofür sind die?«

»Entzückend! Was machen eure Zwiebelschalen? Ihr habt wirklich Zwiebelschalen? *Das* hier sind echte Vitamine! Die wirken Wunder! Eine Sensation! Leningrad ist gerettet!«

Den Kiefernaufguß trinken wir literweise. Er kräftigt und muntert auf. Und – oh Wunder! – bei Mama verschwinden die dunklen Skorbut-Flecken auf den Beinen. Und Tante Sonja hört auf, nachts wegen der schneidenden Bauchschmerzen zu stöhnen. Und Papa betont schon nicht mehr ganz so kategorisch, daß wir alle umkommen werden wie die Fliegen.

Andrej Andrejewitsch

Verstört kommt Galja aus der Schneiderei: Sie ist irgendwie aufgeregt, seltsam abwesend. Sie fegt mechanisch das Zimmer, ohne den gewohnten Eifer. Sie trägt den Eimer in den Hof, staubt die Fensterbretter ab. Auf meine Frage reagiert sie unpassend: »Was? Was hast du gesagt? Ich habe es nicht gehört …«

Ich sehe, daß sie, nachdem sie sich auf die Zehenspitzen gestellt hat, kritisch ihr Spiegelbild in der verrußten Scheibe betrachtet, mit der unser Kamin geschmückt ist. Der Spiegel ist so hoch angebracht, daß nur Papa ohne Anstrengung hineinschauen kann. Übrigens, jetzt braucht keiner von uns einen Spiegel. Es ist nicht sehr erfreulich, beim eigenen Spiegelbild zu der Überzeugung zu kommen, daß man aussieht wie Koschzej Bessmertnyj.[16]

Gegen acht Uhr erreicht Galinas Unruhe ihren Höhepunkt. Sie fragt alle paar Minuten, wie spät es sei. Sie kann nicht mehr stillsitzen – dauernd scheint ihr, daß jemand an die Tür klopft. Und sie stürzt immer wieder mit einem Schrei ins Vorzimmer:

»Hallo? Wer ist da?!«

»Was ist denn heute mit dir los, Mädchen?« hält es Tante Sonja schließlich nicht mehr aus.

Galja, nachdem sie eine Sekunde gezögert hat, umarmt Tante Sonja und flüstert ihr irgend etwas leidenschaftlich ins Ohr. Tante lächelt über das ganze Gesicht und sendet gleichzeitig Mama irgendwelche unverständlichen Signale mit den Augen zu.

Mama versteht alles sehr gut. Sie holt aus dem Schrank eine saubere Serviette und breitet sie auf dem Tisch über das

---

[16] Märchenfigur – ein hagerer, böser Mann, der große Reichtümer und das Geheimnis der Langlebigkeit besitzt.

Wachstuch aus. Sie stellt den Wasserkessel auf den Kanonenofen. Die Sacharin-Kristalle – Zucker wird auf die Lebensmittelkarten fast nicht ausgegeben, deshalb benutzen wir »Chemie« – rieseln aus dem Papier in das gläserne Salzgefäß. Mama bleibt sich auch in Kleinigkeiten treu – sie liebt Schönheit und Ordnung.

Es sieht so aus, als ob wir Gäste haben werden.

Galja ist wieder nervös auf Verdacht zur Tür gesprungen. Aber dieses Mal kommt sie nicht allein zurück. An der Schwelle erscheint eine große Gestalt in einem Soldaten-Uniformmantel. Hinter seinen Schultern leuchtet Galjas aufgeregtes Gesicht.

»Das ist mein Bekannter ... Olga Sergejevna, Tante Sonja, darf ich Sie bekannt machen? ... Kennen Sie sich nicht? ...« stammelt Galja etwas widersprüchlich.

Der Soldat verhält sich im Gegensatz zu ihr ruhig und mit großer Würde. Er geht gemessenen Schrittes alle Anwesenden ab, ohne auch mich auszulassen, und reicht jedem die ausgestreckte rote Hand mit den Worten: »Guten Abend, Andrej Andrejewitsch ... Guten Abend, Andrej Andrejewitsch ... Guten Abend, Andrej Andrejewitsch.«

»Kommen Sie, Andrej Andrejewitsch, machen Sie es sich bequem«, tut Mama geschäftig, wobei sie ein Lächeln unterdrückt. »Hier gibt es einen Hocker. Hier eine Couch.«

Aber der Soldat hat es nicht eilig, sich zu setzen. Er stellt seinen tarnfarbenen Kleidersack auf den Tisch und beginnt ihn ordentlich aufzubinden. Ich betrachte Galinas Bekannten mit neugierigen Augen. Vom Aussehen her ist er nicht älter als Galja. Er ist blond. Er hat kleine, tief hinter den großen Backenknochen versteckte helle Augen, eine etwas zu große, rosa Nase und sehr ausgeprägte, breite Lippen. »Sympathisch«, denke ich, »und gutmütig, wahrscheinlich.« Währenddessen legt Andrej Andrejewitsch auf den

Tisch … Um Gottes Willen, was legt er da hin!!! Das läßt sich nicht im Märchen erzählen und nicht mit der Feder beschreiben! Eine ganze Dose echte Fleischkonserve! Eine Stange perlmutterne Seife! Eine Schachtel Machorka.[17] Drei dicke, bärenfarbige Soldatenzwiebäcke und irgendein schmales langes Säckchen, das oben mit einer Schnur zugebunden ist. Wir sind beeindruckt. Galja schaut mit stummem Entzücken auf ihren Bekannten. Andrej Andrejewitsch selbst aber betrachtet völlig gleichgültig den Kamin, so, als wäre er hier rein zufällig.

»Und was ist in dem Säckchen?« unterbreche ich die andächtige Schweigeminute. Ich weiß, daß diese Frage taktlos und fehl am Platz ist, aber zurückhalten konnte ich sie nicht. Das geht über meine Kräfte!

Andrej Andrejewitsch bindet, ohne etwas geantwortet zu haben, die Schnur auf und zeigt uns den Inhalt von Angesicht zu Angesicht. Es ist Zucker!

»Gibt es etwas, wo man ihn hineinschütten kann?« fragt der Gast sachlich. »Denn dieses Schießpulversäckchen kann man noch verwenden.«

»Aber natürlich, hier, bitte«, Mama schiebt Andrej Andrejewitsch ein Halblitereinmachglas zu. »Kommen Sie, ich schüttle das Säckchen aus …«

Als Papa und Onkel Kolja nach Hause kommen, ist bei uns ein großes Gelage. Im Zimmer verbreitet sich der wundervolle Duft von aufgewärmtem, geschmortem Schweinefleisch aus der Büchse. Wir knabbern süßen Zwieback und trinken süßen Tee. Und Galjas Bekannter erzählt mit seiner soliden Baßstimme Geschichten von der Front – davon, wie sie auf Erkundung gingen und fast gefangengenommen wurden, von irgendeinem Scharfschützen Kulebjak, der

---

[17] billiger Tabak

sein Gewehr »Vögelchen« nennt, und davon, daß Kulebjak schon zwanzig »Scheusale« umgelegt hat.

»Und haben Sie auch Deutsche umgelegt?« frage ich blutrünstig.

»Mußte ich.«

»Wie viele?«

»Habe ich nicht gezählt«, antwortet Andrej Andrejewitsch trocken.

Mama versucht, nachdem sie mich vorwurfsvoll angeschaut hat, das Gesprächsthema zu wechseln.

Aber Papa setzt das Verhör fort. Ihn interessieren jedoch ganz andere Dinge: Warum gibt es noch immer keine zweite Front? Was denkt sich der amerikanische Präsident Roosevelt? Wann ist das Ende der Blockade? Wie lange kann sich überhaupt der Krieg hinziehen? Auf solche Fragen würde natürlich jetzt nicht einmal ein General antworten. Aber unser Soldat, ohne mit der Wimper zu zucken, gab ausführliche Erläuterungen. Die Blockade wird bald aufgelöst. Die Deutschen werden wir, wenn nicht heute, dann morgen schlagen. Das ist schon klar wie der hellichte Tag.

»Was für ein Soldat!« schwärmt Papa. »Mit solchen kann man nicht untergehen!«

Galjas leuchtenden Augen nach zu schließen teilt sie vollkommen die Meinung von Papa.

»Ein Paar!« zieht Tante Sonja, nachdem der Gast gegangen ist, einen Schluß. »Bravo, Galja, was für einen Jungen du da verführt hast! Was?«

Verführt hatte Galja Andrej Andrejewitsch schon lange.

Einen Monat später war er wieder bei uns mit seinem Kleidersack, und nachdem er die Geschenke von der Front ausgeladen hatte, stopfte er die wenigen Habseligkeiten von Galja hinein.

Und beide verabschiedeten sich von uns.

»Soll sie bei meiner Mutter wohnen, so wird sich die Familie an sie gewöhnen«, erklärt Andrej Andrejewitsch ernsthaft. »Ich werde dreitägigen Urlaub bekommen – wir werden zum Standesamt gehen ...«

In der Volksküche

Mit den Lebensmitteln, die wir auf die Karten bekommen, hat es überhaupt keinen Sinn, selbst zu kochen. Wir kamen nach mehrmaligen erfolglosen Versuchen zu dieser Überzeugung. Es ist nicht zu glauben, aber zu Hause kann man nichts außer Mehlkringeln und wäßrigen bitteren Kascha zubereiten. Und dann noch diese endlosen Tütchen und Aufteilungen! Wir müssen uns zum Essen in der Volksküche entschließen, um so mehr, als wir sie ja zum Teil sowieso schon in Anspruch nehmen. Ich esse in der Schule zu Mittag, und Mama bekam während ihrer Krankheit »Kraftnahrung«.

In die »Volksspeisung« zu kommen ist eine komplizierte und schwierige Sache. Deshalb schreiben wir uns auch an verschiedenen Orten ein. Mama – auf dem »Zagorodnij Prospekt«, in dem Gebäude eines ehemaligen Restaurants. Dort gibt es einen riesigen Saal mit hoher Decke und einer äußerst prunkvollen, aus Eiche geschnitzten Theke. Sie ist mit Flachreliefs verziert, die Jagdmotive und Schalen mit Früchten darstellen. Hinter dieser Theke thront eine Kassiererin, eingewickelt in ein Tuch, und tippt den ganzen Tag meterlange Bänder von Essensmarken. Papa ißt bei seiner Arbeitsstelle. Ich esse nach wie vor in der Schule und frühstücke und esse zu Abend in einer kleinen Stehkneipe, wo früher, wie es scheint, ein Würstchen- oder Blini-Verkauf war. Dort ist es eng, rauchig, und man muß lange warten, bis die Kellnerin kommt und die Marken nimmt. Onkel Kolja ist einer Volksküche in der »Rasesschaja-Straße« zugeteilt. Es kommt vor, daß die Erwachsenen tagsüber sehr beschäftigt sind und es nicht schaffen, zu ihrer Volksküche zu fahren. Dann wird mir aufgetragen, die Essensträger zu nehmen, die am Vorabend ausgegebenen Marken zu nehmen, alle Volksküchen abzugehen und die Mittagessen einzusammeln. Ich mag das überhaupt nicht. Man muß lange wartend dasitzen, bis einem endlich die Suppen in die Essenbehälter gegossen werden, wobei ich gerne etwas von der heißen dicken Suppe essen würde, es aber nicht zulasse. Dann, auf dem Weg nach Hause, zittere ich vor Angst, daß ich stolpere, etwas verschütte, es fallenlasse, daß irgendwer mir einfach die Mittagessen stiehlt. Schließlich sind die Essenbehälter sichtbar, man kann sie schlecht in einer Tasche verstecken.

Mir fällt es noch aus einem anderen Grund schwer, in die Volksküchen zu gehen: Ich ertrage es nicht, menschliche Erniedrigung zu sehen. Ich leide darunter, obwohl ich eigentlich noch wenig vom Leben verstehe. Da sitzt zum Beispiel eine Dame am Tisch – in einem teuren Pelzmantel, mit geschminkten Lippen. Sie kratzt lange den Teller mit dem Löffel aus, dann nähert sie sich ihm mit ihrem schönen, blassen Gesicht und schleckt wie ein Hund, ohne sich vor irgend jemandem zu genieren, den letzten Rest der Kascha ab … Ein schlampiges Mütterchen mit grauen Fransen über der runzeligen Stirn geht an den Tischen entlang, eine Bettlerin: »Laßt ein Löffelchen übrig, laßt übrig … Ich nehme alles, meine Teure, mich ekelt es vor nichts …«

Und ohne abzuwarten, ob man ihr etwas gibt, streckt sie die knochige dreckige Hand zum Teller mit Brot … Ein Mann mit höchst intelligentem Aussehen, mit viereckiger Brille, zettelt einen fürchterlichen Streit mit der Kellnerin an: Man hat ihm keine ganze Portion geschrotene Grütze gegeben, er sieht es doch! Hier sind alle Diebe! Man muß den Direktor rufen! Das Beschwerdebuch! Die Waage her! Man gibt ihm keine Waage, und er läuft selbst mit seiner Portion zur Essensausgabe, wiegt seinen Teller ab und stellt fest, daß ihn niemand betrogen hat. Aber er beschwert sich weiter ...

In den Volksküchen werden alle möglichen Gerichte ausgegeben. Zum Beispiel kann man als Hauptgericht Fleischklöße aus *Duranda* oder aus Schrot auswählen. *Duranda* – das sind Ölkuchen, aber keine Sonnenblumenölkuchen, die eine Leckerei wären, sondern irgendwelche andere: schwarzbraune, schwere, bittere. Die Klöße sehen äußerlich Fleischbällchen sehr ähnlich. Die Schrotklöße – das sind Reste von Sojabohnen. Onkel Sascha erzählte, daß eine große Warensendung dieser Bohnen im Hafen von Leningrad gefunden wurde – sie war für den Export bestimmt. Als die Badajev-Lager dort brannten, wurden die Bohnen in Umlauf gebracht. Aus ihnen stellte man Sojamilch her, »Sufle« und sogar Eis. Der Schrot – das sind die Rückstände, Ölschrot. Es ist eine weißlich-gelbe, schuppige Masse mit ekelhaftem Beigeschmack. Zum Nachtisch kann man entweder einen Brei aus Meeresalgen, ein Glas Sojamilch oder ein Nadel-Getränk bekommen.

Kascha wird in den Volksküchen mit Ölfirnis angereichert – der ist dickflüssig und riecht nach Wohnungsrenovierung. Der Tee ist natürlich nicht gezuckert ...

Ein Bräutigam

Die Lehrerin führt einen Neuen in die Klasse und setzte ihn hinter mich und Zojka.

Ich schaue ihn mißtrauisch an – noch ein weiterer Feind? Aber der Neue macht keinen furchterregenden Eindruck. Eine helle Ponyfrisur, sanfte blaue Augen, Hosen mit gekreuzten Trägern – unsere »Banditen« haben solche nicht an. Ein weißes Hemd, behängt mit bunten Abzeichen. »Man braucht sich nicht zu fürchten«, denke ich. Beim Mittagessen aß der Neue alles ordentlich auf und säuberte sogar seinen Teller mit einer Brotrinde, die er klug bis zum Ende der Malzeit aufgehoben hat. Er heißt Vovotschka. Nicht Vovka, sondern eben Vovotschka.

Wir verbringen freundschaftlich einige Zeit miteinander. Und dann ...

Dann ging alles wie in den Romanen.

»Lena, ich möchte dich gern heute nach Hause begleiten«, erklärt Vovotschka eines Tages, »darf ich?« An Buschu erinnert, zucke ich mit den Schultern: »Ich schaffe das selbst. Aber wenn du möchtest, lauf hinter mir her.«

»Mach ich.«

Und er läuft wirklich. Bei meinem Hauseingang fragt Vovotschka, leicht außer Atem gekommen: »Beuge dich zu mir herunter!« – Ich bin um einiges größer als er.

Möchte er mir irgendein Geheimnis sagen? Und plötzlich – zuschlagen?

Aber meine Wangen berührt ... ein leichter Kuß?!! Ich bin verblüfft, und Vovotschka ist rot geworden und läuft davon.

Nanu! Der spinnt doch, oder?

Am nächsten Tag begegnet mir ein blasser und entschlossener Vovotschka.

»Lena, ich liebe dich. Schon eine ganze Woche! Ich werde dich ein ganzes Leben lieben. Wenn wir groß sind, heiraten wir, willst du?«

Zeuge dieser Erklärung war die ganze Klasse.

Und dann ging es los!

»U-u-u-! A-a-a-a! Bräutigam und Braut, ein festes Paar! Bräutigam und Braut, ein festes Paar! ... Neonila Zenonovna, Savtschuk und Komarova heiraten!

Was für eine Schmach! Ich weiß nicht, wohin ich schauen soll, und sitze mit gesenktem Kopf da. Diese Stunden werden nie, nie zu Ende gehen ... Sie werden mich jetzt nicht durchlassen. Sogar Zojka schweigt verächtlich. Was soll ich tun?

Und obwohl, ich gebe es zu, mein argwöhnisches Herz ins Wanken gekommen ist durch diese Erklärung, fauche ich Vovotschka grob ins Gesicht, wobei ich mühsam die Tränen unterdrücke: »Du! Hörst du! Halt die Klappe, und zwar für immer! Idiot!«

So lieferte ich meinen Ritter aus. Und er? Schwieg, nachdem er mit der Nase geschnieft hatte, und küßte – vor allen – meine Hand.

Ungeachtet des öffentlichen Skandals begleitete mich Vovotschka wie vorher nach Hause, legte manchmal auf meine Bank eine schöne Ansichtskarte, eine kurze Notiz, in der Art wie »Ich liebe dich noch immer« oder »Du bist heute sehr hübsch«. Und – was das Unglaublichste war – er hob beim Mittagessen für mich sein Kompott auf!

Nach einem Jahr wurde Vovotschka in eine andere Schule versetzt. Ich atmete mit großer Erleichterung auf.

In die Banja[18]

»In die Banja! In die Banja! Morgen gehen wir mit der Klasse in die Banja! Mama, stell dir vor, in die Ban-ja!«

Mama stellt es sich vor. Und ist froh, denn wir haben uns alle den ganzen Winter nicht wirklich gewaschen. Zu diesem Gang, der in der Schule angekündigt worden war, bereitet man mich wie zu einem großen Ereignis vor. Mit Mühe findet sich ein Bastwisch, ein Gegenstand, der völlig aus unserem Lebensalltag verschwunden war. Aber dann das Unglück – es gibt keine passende Seife. Der schwarz-graue »Haus-

---

[18] Sauna

halts«-Seifenrest, den unsere ganze Kommune benutzt, versteht sich, taugt nicht für solch ein feierliches Ereignis.

»Laß uns auf den Flohmarkt gehen«, sagt Mama entschlossen. »Wir nehmen aus der *ENSE* das letzte Röhrchen mit Vitamin C und tauschen es ein.«

Man mußte meine Mutter kennen, die jeglicher Art von Blockaden-Kauf-Tausch mit Widerwillen begegnete, um die Bedeutung dieses Vorgehens zu verstehen.

Auf dem Flohmarkt wanderten wir lange herum, wobei wir aufmerksam die Angebote betrachteten, die auf dem Trottoir ausgebreitet waren. Endlich – ein Erfolg! Eine Tante hat eine leuchtend bunte Verpackung der angenehm und stark duftenden Seife »Carmen« in der Hand. Eine stolze Senjorita schaut darauf siegesbewußt auf den Trödelmarkt mit leidenschaftlichen schwarzen Augen. Die Eingebung sagt uns, was wir tun sollen. Wir nähern uns der Tante mit starrem Blick und strecken ihr entschlossen und schweigend das Röhrchen mit den Vitaminen entgegen. Sie überreicht uns, etwas betreten und genauso schweigend, die Seife. Zinaida Pavlovna hat uns jedoch hinterher geschimpft, wobei sie bekräftigte, daß wir für diese Vitamine mindestens einen Perserteppich hätten erwerben können. Aber wozu brauchen wir einen Perserteppich?

Schon abends bin ich ungeduldig. Die für die Banja nötigen Dinge wurden schon in die Schultasche gelegt: ein sauberes Unterhemd, eine Unterhose, ein Kleid. Unser einziges Frottierhandtuch mit großem Streifenmuster. Ein weißes Tuch, um den nassen Kopf einzuwickeln. Und – zwei kleine, wie ein Drittel meiner Handfläche große, Butterbrote. Sie wurden so tief wie möglich in der Wäsche versteckt. In eine rosa Plastikseifenschale wurde »Carmen« gelegt.

Die Schule summt auf allen fünf Stockwerken. Der Gang in die Banja ist ein gemeinschaftlicher, er wird in den ersten, zweiten und zehnten Klassen durchgeführt. Die

Stimmung ist bei allen gut und friedlich. Die Jungens ziehen uns nicht an den Zöpfen und teilen nicht andauernd Kopfnüsse aus. Die Kolonne, als Viererreihe – vorneweg die Lehrer – schreiten wir zur »Marat Straße«. Und bald befinden wir uns vor den angelaufenen Glastüren mit dem verrosteten Schild »Banja«.

»Aha«, überlege ich, die vor dem Krieg nur eine private Sauna kannte, wo man mich gebadet hat, nachdem man den kupfernen Badekessel ordentlich geheizt hatte, »hier gibt es sicher viele Saunen. Und natürlich reicht der Platz für alle.«

Aber auf mich wartete eine Enttäuschung. Es gibt nur eine Sauna, und die ist sehr eng. Einen kalten Vorraum mit rutschigem Boden. Hunderte von Schließfächern.

Es kommen immer neue Kinder hinzu. Die Wäschehaufen, die nicht mehr in die Fächer passen, türmen sich einer über dem anderen und verwandeln sich in Müllhaufen. Irgendwie ziehe ich mich aus und plötzlich fällt mir ein: die Butterbrote! Meine Butterbrote! Man wird sie verteilen! Verzweifelt tauche ich in den Lumpenberg und ziehe mit Mühe meine Tasche heraus. In dieser Zeit durfte man schon in den Waschraum, in dem eine Menge kleiner Wilder mit scharfen Knien und hervorstehenden Schlüsselbeinen immer kleiner wird. Ausrutschend hole ich meine Klasse ein, doch ohne daß sich meine Enttäuschung zerstreut hätte.

Was passiert im Waschraum: Von der Bande ist schon keine Spur mehr, nackte Rücken mit dreckigen Wasserflecken kämpfen sich zum kupfernen Hahn durch. Aus den Wasserhähnen rinnt abwechselnd eiskaltes und furchtbar kochendes Wasser. Gekreische, Gejammer, Gelächter, Geweine. Zojka hat sich in Dampfwolken aufgelöst ... Ich kann mir heute einfach nicht mehr vorstellen, wie es mir damals gelang, mich zu waschen und mir mit Hilfe der wunderschönen »Carmen« eine Schaumkrone auf den Kopf zu setzen. Um so mehr, als man nur mit einer Hand arbeiten konnte, da mit der anderen fest die Seife zu halten war, indem man die Nägel in sie hineinkrallte, damit sie nicht wegsprang. Aber trotz allem wusch ich mich!

Als die Mädchen mit dem Waschen fertig waren, wurde die Holztüre, die uns von der zweiten Reihe, die der Jungens, trennte, zur Seite geschoben. Die Jungens machten einen unbeschreiblichen Lärm, zeigten auf uns mit den Fingern und krümmten sich vor Lachen. Aber nachdem es viele Mädchen waren, machte dieser Angriff keinen großen Eindruck. In Verlegenheit waren nur die Lehrer, die vergeblich versuchten, Ordnung in diese Horde hineinzubringen. Zugegeben, die nackten Lehrer zu beschuldigen ist relativ schwer.

Meine Butterbrote sind natürlich verlorengegangen. Jemand hat sie alle wohl mit einem sicheren Riecher im Lumpenhaufen gefunden. Schade, sehr schade, aber das tiefe Wohlbehagen, sich das erstemal in diesem Winter sauber zu fühlen, machte diesen Verlust wieder wett.

Das Restaurant »Kvisisan«[19]

»Morgen gehen wir zum Mittagessen ins ›Kvisisan‹! Man hat uns dort zugewiesen«, sagt Papa.

Das »Kvisisan« war einst ein bekanntes Restaurant auf dem »Nevskij-Prospekt«. Papa erinnert sich daran, wie er vor dem Krieg einmal mit jemandem im »Kvisisan« zu Abend gegessen hat, wobei er sich an den Einzelheiten weidet.

»Zuerst brachte man uns marinierte Pilze ... Dann bestellte ich eine Soljanka. Lenka, du weißt nicht einmal, was das ist! Sie ist fett, mit Oliven und Kapern! Und Würstchen und Hammelfleisch und Schinken in winzigen Stückchen ... Und

---

[19] Aus dem Lateinischen abgeleitet »gesunder Körper«.

heiß war sie – du verbrennst dir den Mund! Als Hauptgericht gab es Kotelett nach Kiewer Art. Weißes Hühnerfleisch, verstehst du? Und darin eingewickelt ein kaltes Stück Butter!«

»Es reicht mit den Details!« unterbricht Mama Vater. »Geh lieber den Eimer raustragen.«

Am nächsten Tag, mittags, nähern Vater und ich uns dem berühmten »Kvisisan«. Die Glasvitrinen, in denen in Gold der Name des Restaurants angeschrieben ist, sind mit Sandsäcken ausgelegt. Jedoch öffnet ein alter Mann die Türe, ein Portier in Uniform, und sieht ungeachtet dessen beeindruckend aus. Ein riesiger Spiegel mit vornehmer gelblicher Tönung, künstliche Palmen, rote Samtausschmückung.

»Herzlich Willkommen«, lädt uns freundlich der Portier ein. »Im zweiten Saal gibt es freie Plätze.«

»Blockade, Blockade – aber das Niveau hat sich gehalten«, sagt Papa begeistert. »Ich wußte, wo man sich zuordnen muß!« An der Kasse werden unserer Marken getippt, und wir setzen uns an einen Tisch, der mit einer schneeweißen Tischdecke bedeckt ist. Schwere Teller, massive Löffel und Gabeln aus Edelstahl.

»Komm Lenka, stellen wir uns vor, daß wir in einem Restaurant sind noch vor dem Krieg«, schlägt Papa vor.

Und wir beginnen das Spiel. Als Vorspeise wird Schrot gereicht.

»Was für ein frisches Omelette!« sagt Papa. »Ein Genuß, oder?«

»Wirklich ein Genuß«, entgegne ich. »Leider nur sehr wenig.«

»Ah, hier wird schon die Suppe gebracht! Mir scheint, wir haben *Chartscho* bestellt?«

Ich weiß nicht, was das ist, und Papa erklärt mir genau bei einem Löffel wäßriger Suppe aus wildem Kohl, was den Zauber der scharfen georgischen Speisen ausmacht.

»Es fehlt wohl nur etwas Pfeffer, oder, Lenka?«

Das Mittagessen beenden Klöße aus Duranda.[20]

»Oh!« schwärmt Papa. »Nirgends kann man so gut Schweinehackfleisch braten wie hier! Und was für Beilagen! Alles wie es sich gehört – und Pommes Frites und grüne Erbsen und Karotten ... He, Lenka, Lenka, so wird das nichts! Du kannst nicht spielen! ...«

»Du kannst es dafür«, blaffe ich zurück, wobei ich mit der Nase schniefe. Papa ißt schuldbewußt auf.

»Egal, ärgere dich nicht, Kleines«, sagt er leise. »Ich wollte dich doch nur etwas aufheitern ...«

Schweigend und böse stochere ich mit der Gabel in den bitteren Ölkuchen herum. Selbst mit der blühendsten Phantasie kann man ihn nicht für Schweinekotelett halten. »Fedja, ehrlich gesagt, manchmal bis du schlimmer als ein Kind!« höre ich die spöttische Stimme meiner Mama. Und sie hat recht! Tausendmal hat sie recht!

Ich schaue von der Seite auf Vater. Gerade noch lachte er, wobei er in würdevoller Haltung, mit geraden Schultern dasaß, und jetzt hat er sich plötzlich wieder in einen blassen bis gelblichen »Dysthrophiker« mit verlöschendem Blick verwandelt. Ich schäme mich.

»Papa! ... Papa! ...« berühre ich ihn am Ärmel des abgetragenen Tweedjacketts. »Lecker schmeckt das Hackfleisch! Sehr lecker! Ich habe so eins noch nie, nie gegessen! ...«

Die Kiste, die einem Freund gehört

Ich wache von Lärm in der Wohnung auf. Es brennt die Petroleumfunzel. Vom Korridor hallt die durchdringende Stimme von Zinaida Pavlovna: »Was geht denn hier vor sich?! Ein Diebstahl mitten am hellichten Tag! ...«

---

[20] Eine Art Ölkuchen.

»Wo ist denn die Helligkeit, wenn es jetzt dunkle Nacht ist?« denke ich verschlafen.

Mama kommt halb angezogen herein. Ihr Gesicht ist verstört.

»Fedja, sie hat gesagt, daß sie niemandem vertraut. Verdächtigt sie da etwa auch uns?«

Papa ist sehr ärgerlich.

»Bei ihr muß man mit allem rechnen.«

Er geht auf den Gang, versucht, die Nachbarn zu beruhigen.

»Die Kiste gehört meinem Freund«, empört sich Zinaida Pavlovna, »und Sie, Fjodor Dmitrijewitsch, haben mir überhaupt nichts zu sagen. Ich werde das so nicht auf sich beruhen lassen. Ich werde alles ans Licht bringen!«

»Aha. Die Nudeln sind verschwunden! Geschieht ihr recht«, denke ich schadenfroh und schlafe wieder ein.

Am nächsten Morgen beginnen die Nachforschungen in der Wohnung. Die Rolle des Detektivs übernimmt Zinaida Pavlovna selbst. Mit einer Taschenlampe herangeschlichen, arbeitet sie sich durch den Korridor, wobei sie sorgfältig selbst das staubige Parkett untersucht. Ein paar Kratzer gelingt es ihr zu entdecken, worüber sie alle auch feierlich aufklärt. Aber der Haken ist, daß es auch vor unserer Tür Kratzer gibt, und neben der Tür von den Rapoports, und an der Schwelle des Zimmerchens von der kinderreichen Familie. Wer ist der Räuber?

Die ganze Wohnung steht unter Verdacht.

»Hier zu wohnen ist widerlich«, sagt Papa.

Die früher höfliche Zinaida Pavlovna reißt jetzt oft unerwartet, ohne jegliches Klopfen, unsere Tür auf. Wie ein Spürhund dreht sie Kreise im Zimmer, schnuppert in den Ecken. Wenn wir gerade irgend etwas auf dem Kanonenofen kochen, wedelt sie wie versehentlich mit dem Ärmel ihres Chalats den Deckel vom Topf. Und entschuldigt sich dabei lässig: »Ach, verzeihen Sie, ich bin so unachtsam ...«

Mama sitzt dann immer völlig niedergeschlagen da, die Hände hilflos auf den Stuhl gelegt. Sie geht nicht mehr zu Zinaida Pavlovna zum »Sticken« und Tee trinken.

Die Atmosphäre wird gespannt. Diese verfluchten Nudeln haben Unstimmigkeit in unsere einst so freundschaftliche Wohngemeinschaft gebracht.

»Sie hat sie selbst verspekuliert, und auf uns will sie es abwälzen«, vermutet die geradlinige Tante Sonja.

»Wieso muß man so schlecht von anderen Leuten denken?« antwortet Mama. Im Gegensatz zu Zinaida Pavlovna vertraut Mama weiter allen.

Die Geschädigte macht jeden Tag einen Kontrollgang in der Wohnung. Sie kommt einfach in das Zimmer und stellt Fragen, auf die man nicht gefaßt ist.

»Was hast du heute morgen gegessen, Lenotschka? Nur Sojamilch? Aber vielleicht kannst du dich nicht mehr erinnern, vielleicht war da noch etwas?«

»Was soll das heißen – ›kannst du dich nicht mehr erinnern?‹ « wundere ich mich. »Ich erinnere mich sehr gut«

Warum fragt sie so einen Blödsinn? Kann man etwa vergessen, was man gegessen hat?

Einmal, als ich in Richtung Küche renne, stoße ich mit Zinaida Pavlovna zusammen. An die Wand gedrückt, stand sie Wache neben der Tür von Rappoports. Ein andermal werde ich zufällig Zeugin eines Dialogs zwischen Zinaida Pavlovna und Onkel Sascha.

»Alexander Dmitrijewitsch! Wieso sind Sie so starrsinnig? Sie wissen doch, wie ich mich langweile. Kommen Sie morgen am Abend, und ich werde diese Kiste mit keinem Wörtchen mehr erwähnen. Ich treibe eine andere auf – für Sie ...«

»Nicht nötig, verehrte Zinaida, ich brauche Ihre Kisten nicht ...«

Die Kiste ist nie gefunden worden. Das Geheimnis ihres Verschwindens hat sich im Inneren einer großen Wohnung der Blockadezeit bewahrt. Vielleicht hatte Tante Sonja recht. Vielleicht aber wurde sie doch von den Kinderreichen genommen, die vor Hunger fast den Verstand verloren hatten. Wer könnte ihr Richter sein?

Todesstrafe für Hitler

Papa brachte eine Ausgabe der »Leningrader Prawda« – insgesamt nur zwei Seiten – und sagte: »Hitler umzubringen reicht nicht aus! Lest, was er mit unseren Leuten macht.«

In der Zeitung wird über die deutschen Greueltaten in den besetzten Gebieten berichtet. Ausgestochene Augen, an der Hausecke zerschmetterte Kinderköpfe; lebendig Begrabene, Gelage …

Ich höre, wie Tante Sonja mit immer wieder versagender Stimme die Zeitung laut vorliest, ich fühle, wie mich – das ist eine fast physische Empfindung – das Gefühl von Schmerz und Schrecken erfüllt. Alles, was Tante Sonja liest, sehe ich so detailliert, so lebendig vor mir, daß ich mir die Ohren zuhalte, damit ich nicht das Wehgeschrei der Gequälten höre. Und wie würde ich selbst schreien, wenn man mich mit diesen grausamen Methoden foltern würde?

Ich hasse Hitler! Ich hasse ihn!

Ich bin wie Papa auch der Meinung, daß es nicht genug ist, Hitler umzubringen. Es darf nicht sein, daß er so einfach davonkommt. Man müßte ihn auf besondere Art und Weise vernichten.

Die Hinrichtung Hitlers male ich mir stundenlang aus. Am Kiefer aufhängen? Nein! Es muß so sein, daß er mehr leidet, mehr noch als die, die er seinen Fritzen[21] befohlen hat zu mißhandeln. Die schlimmsten Inquisitionsfoltermethoden kommen mir in den Sinn. Man könnte ihn zum Beispiel in einen Käfig setzen, auf den Hauptplatz stellen – und nichts zu essen geben. Ihn keinesfalls füttern. Und ringsherum sollten die Leute ruhig Sardellen essen und Eskimo-Eis lutschen. Und er – schaut gierig und kommt langsam vor Hunger um.

Oder: Man könnte Hitler an einen Pranger ketten, und jeder, der möchte, soll ihm ein Messer in den Leib stoßen.

Oder: Ihm seinen ekelhaften Schnurrbart und seine lächerlichen Stirnfransen härchenweise auszupfen und ihn dann in der Newa ertränken.

Oder: Ihn so lange auf Kohlen versengen, bis er aufheult und elendiglich umkommt.

Ich erlangte eine gewissen Fertigkeit im Ausdenken von grausamen Phantasien. Und alles, schien mir, bestrafte den Faschisten nicht ausreichend.

Eines Tages teile ich meine Gedanken der Klasse mit.

»Und ich würde ihn über und über mit Nähnadeln bestecken«, sagt ein Mädchen, die Tochter eine Schneiders.

»Und ich würde ihn den Wölfen zum Auseinanderreißen geben«, ergänzt Witka Buschujew.

»Und ich würde ihn von einem Felsen stürzen ...«

»Und ich – vom Mond ...«

Tausend fürchterliche Todesurteile für Hitler wurden in diesem Jahr von den kleinen Leningradern verhängt. Das Ende des Krieges wollte von uns ohne jegliche Zweifel und Bedenken vorausbestimmt werden.

---

21 Verächtlich: deutsche Faschisten.

Die Kartoffel

An diesem sonnigen, schon ganz warmen Märzsonntag mußte irgend etwas Ungewöhnliches passieren. So kam es auch.

Mama sagte plötzlich mir nichts dir nichts: »Es reicht, wie eine Vogelscheuche rumzulaufen! Ich nehme den heutigen Tag und werde mich normal und menschlich anziehen.«

»Richtig, Olja«, bestärkt sie Tante Sonja. »Los!«

Und Mama wurde mit allem Notwendigen »ausgestattet«. In die Ecke mit den Hosen und wattierten Jacken. Statt dessen ein Rock aus feinem Tuch und Tante Sonjas gelbe Wolljacke. Um den Hals – einen Marderpelzkragen, der noch von der Vasilij Insel mitgenommen worden war. Vor dem Krieg hat man ihn mir über den Mantel angezogen. Die mit einem Tuch umwickelten Haare machen auch nichts mehr her. Mit vereinten Kräften wird aus Mamas schon ganz grauen Haaren eine »Frisur« drapiert, vollgespickt mit Haarnadeln; feine Wollstrümpfe – es ist egal, daß beide Fersen mehrfach gestopft worden sind – kleiden die Beine. Und zur Vervollkommnung schminkt Mama ihre Lippen mit einer karottenfarbenen Pomade – das erste und letzte Mal in ihrem Leben. Ihr strenges Gesicht wird unerwartet kokett.

»Eine Schönheit! Ja, du bist unsere Schöne!« staunt Tante Sonja.

Und Papa, verstummt vor Begeisterung, breitet nur die Arme aus.

An die Fensterscheibe gedrückt, verfolgen wir, wie unser »Model« die Straße überquert. Ein Mann in schwarzem Mantel schaut ihr nach. Zwischen den wenigen plumpen Fußgängern sieht Mama aus wie ein Paradiesvogel, der sich verflogen hat. So kommt es mir auf jeden Fall vor.

Mama bleibt nicht sehr lange weg. Schon sehe ich sie wieder durch das Fenster. Sie rennt aus irgendeinem Grund, das Ende des Pelzkragens flattert hinter ihrem Rücken. Was ist los?

»Lenka! Lenotschka!« Mamas Stimme bricht ab, sie ist ganz außer Atem. »Rate mal, was ich habe?«

»Gelee aus Meereskohl?«

»Kalt!«

»Zucker?«

»Kalt!«

»Soja-Soufflé?«

»Noch kälter!«

Die Liste der Blockaden-Leckereien ist fast erschöpfend behandelt, mehr fällt mir nicht ein.

»Egal«, sagt Mama, »mach die Augen zu!« Ich kneife sie zu.

»Jetzt schau!« In Mamas Stimme ist eine unverhohlene Feierlichkeit zu hören.

Mitten auf dem Tisch liegt ... eine Kartoffel!

Ja, wirklich, eine frische Kartoffel! Von der Größe meiner Faust. Eine beige-graue, mit einem weißen Keim. Mit Spuren getrockneter Erde an der Seite, mit einem »Auge« auf dem abgerundeten Gipfel!

Ich traue meinen Augen nicht. Ich wußte doch, ich wußte, daß heute irgend etwas Unglaubliches passieren würde! Ich greife nach der rauhen Knolle, wiege sie auf meiner Hand. Vorsichtig reiße ich mit dem Fingernagel ein Fetzchen Schale ab – es wird das saftige weiß-rosa Kartoffelinnere sichtbar.

»Mama, wo hast du sie nur aufgetrieben?«

»Ich sitze am Tisch in der Volksküche. Neben mir ist eine Frau. Mit einer Hand hält sie ein Einkaufsnetz mit einem Papierbündel. Ich dachte noch, was mag sie da wohl drinnen haben? Sie aß fertig und ging, ich schaue zufällig auf den Stuhl – sehe, daß dort eine Kartoffel liegt! Mein Herz fängt an zu pochen. Soll ich sie nehmen, nicht nehmen? Und wenn die Frau plötzlich zurückkommt? Ich bin sogar aufgestanden und habe sie gesucht, war hin- und hergerissen. Aber sie war spurlos verschwunden. Dann die nächste Angst: Vielleicht hat jemand die Kartoffel schon entdeckt und weggenommen? Aber sie lag noch da, die Stuhllehne verbarg sie vor allen. Na, dann entschloß ich mich. Und – im Laufschritt nach Hause …

Was sollte man mit dem wunderbaren Fund machen – das wurde von der ganzen Kommune beraten. Braten? Kochen? Kochen und dann braten? Man beschloß: als Pellkartoffel kochen, damit keine Verluste entstehen. Als der Kleinsten, wurde der Fund Lena zugesprochen …

Während die Kartoffel in einer Aluminiumbüchse gekocht wurde, saßen alle um den Kanonenofen herum und schauten. Dann wurde mit einem scharfen Messer behutsam die Schale abgezogen.

»Iß, Lenka, auf die Gesundheit!«

»Nein, probiert doch wenigstens!« – Bevor ich mich über die Delikatesse hermachte, ging ich an allen vorbei, und jeder brach sich ein winziges kleines Stückchen ab. Und dann wendeten sich die Erwachsenen ab, damit ich ganz in Ruhe das Leben genießen konnte.

Und ich genoß! Vollkommen.

So, wie ich später nie wieder etwas genossen habe.

»He, du!«

»Unser Töchterchen ist so dünn, fast wie ein unglückliches Küken …«

Mama drückt mit einer Hand meine Handgelenke zusammen. Hätte ich eine dritte Hand, würde sie auch noch ohne Mühe in ihre Hand passen. Die Eltern fangen an, sich ernsthaft Sorgen um mich zu machen.

»Lenka muß man unterstützen«, sagt Papa.

Der allmächtige Onkel Sascha versucht, irgend etwas zu unternehmen. Und bald werde ich glückliche Besitzerin eines Bettes im Gebietskrankenhaus.

»Wir haben einfach Glück!« freut sich Vater. »Einen ganzen Monat lang wirst du kräftig ernährt werden. Das ist keine Kleinigkeit! Dort retten sie Kinder vor dem Hungertod.«

Wir packen etwas Wäsche in ein Bündel. In letzter Minute muß ich weinen. Die Worte, daß im Krankenhaus Kinder vor dem Hungertod gerettet werden, rücken den eigenen Tod plötzlich vor Augen, obwohl ich gewöhnlich nicht darüber nachdenke.

Ein großer Krankensaal. Riesige Fenster, hermetisch verschlossen mit gußeisernen Gittern. Die Stukkatur an Decke und Wänden hat von der Feuchtigkeit Blasen bekommen. Ich starre unablässig auf ihre Umrisse, wobei ich menschliche Profile und Tiersilhouetten ausfindig mache. An einer Stelle meine ich, den Abdruck eines nackten Fußes zu sehen. In der Dämmerung erinnere ich mich an die Geschichten von Mondsüchtigen, die über Simse, Dächer und Zimmerdecken wandern. Vielleicht lag hier auch mal ein Mondsüchtiger? ...

Der Krankensaal ist eng mit eisernen Betten vollgestellt. So eng, daß es nicht einmal Durchgänge gibt. Wenn das Essen gebracht wird, werden die Teller von Hand zu Hand weitergegeben.

Im Krankensaal sind wir etwa vierzig Leute. Wir sprechen wenig miteinander. Ich habe auch nicht erfahren, wie meine Nachbarn heißen. Wir wenden uns zueinander ganz einfach mit: »He, du!« Alle »He-dus« tragen Nesselhemden mit zerschlissenen Halsrändern und Schößen. Für mich gab es keinen Platz mehr, so liege ich direkt bei der Türe auf einer hölzernen Bank. In gewissem Sinn ist das sogar besser – das Essen erreicht mich als erste.

Die Tage ziehen sich dahin mit quälender Langweile. Lesen kann man nicht – zu wenig Licht. Es ist kalt, und wir liegen bis über die Ohren eingehüllt in den flauschigen Decken. Aufstehen ist nicht erlaubt.

»Damit die Kraft gespart wird«, erklärt die Ärztin.

Sie kommt jeden Tag, aber da es nicht möglich ist, zwischen den Betten durchzugehen, steht sie lange in der Tür, wobei sie das Zimmer überschaut und ausruft:

»Du, he, du, links in der Ecke, wie fühlst du dich? Normal? Aber sehr dünn. Und du, daneben? Und der fünfte von rechts? ...«

Die Ärztin ist einem Feldherrn ähnlich, der das Schlachtfeld überschaut.

Hier findet in Wirklichkeit auch ein Kampf statt – um unser Leben. Wir werden reichlich ernährt. Nicht sehr wohlschmeckend, natürlich – Hirsehäcksel, Pferdefleisch, Soja, Soja, Soja, – dafür in Mengen.

Immer öfter werde ich von Heimweh geplagt. Ungeachtet der Sattheit. Ich hatte sogar schon vor, aus dem Krankenhaus wegzulaufen, und bin einmal die Treppe runtergegangen, aber man hat mich eingefangen und zurück in den Krankensaal geschafft.

Einige Male am Tag und einmal nachts werden die »Hedus« in Gruppen vereinigt, um zum gewissen Örtchen zu gehen. Mühsam schleppen wir uns durch die langen, menschenleeren kalten Korridore, wobei wir auf dem Kachelfußboden ausrutschen. Dann hinauf in den vierten Stock ... P-f-f! Ich erinnere mich an nichts Abstoßenderes als an diese Krankenhaustoiletten ... Die Klosettbecken waren mit stinkenden Eiszapfen umwachsen. Es gab kein Wasser ... Zerbrochene Fensterscheiben, Kälte.

Als Mama kam, um mich zu besuchen, flehte ich sie an, mich mit sich zu nehmen.

»Nimm mich an der Hand, und du wirst sofort sehen, daß ich ein ganzes Kilo zugenommen habe! Man hat mich schon vor dem Hungertod gerettet. Wirklich …«

Eine Mine im Brotlaib

»Da gehst du am Ufer der Newa entlang. Und plötzlich siehst du: schwimmt direkt am Ufer ein Spielzeugdampfer. Mit Schornsteinen. Und aus ihnen kommt Rauch raus. Und auf dem Deck stehen winzige Matrosen. Alles, wie in echt. Aber hole auf keinen Fall diesen Dampfer heraus! Einer hat ihn herausgezogen und sofort *kra-wumm!* Da war eine Mine drin versteckt. Die Boote werden von den deutschen Spionen ins Wasser gelassen. Speziell, um die Kinder zu erwischen.«

»Ich habe was anderes gehört. Sitzt neben einer Wasserleitung eine Puppe. Blaue Augen und echte Wimpern. Das Kleid nur aus Spitze. Berührst du sie – macht das zuerst nichts aus. Aber schaukelst du sie ein bißchen, untersuchst, ob es eine sprechende ist oder nicht – explodiert sie mit schrecklicher Kraft …«

Viele solcher Legenden gingen in der Leningrader Kinderwelt um. Wir warnten uns gegenseitig davor, aber jeder träumte davon, selbst einmal so ein tödliches Wunderding zu finden. Man erzählte von goldenen Uhren, welche genau um Mitternacht explodieren, von Pralinenschachteln, von Cremetorten …

Und einmal hatte ich »Glück«. Auf der Rasesschaja-Straße, in der Vertiefung neben dem Trottoir, sah ich … einen Laib Brot. Üppig, weiß, ein Brotlaib von vor dem Krieg. Mein Wunsch ist in Erfüllung gegangen! Bestürzt umkreise ich das knusprige Wunder. Jetzt gehe ich zur Polizei und melde es. Vollkommen gelassen.

»Kommen Sie, ich habe eine deutsche Mine gefunden.«

Und aller Wahrscheinlichkeit nach wird man mir eine Medaille geben, oder zumindest schickt man der Schule einen Brief: »Komarovskaja Elena Fjodorovna wird Dank ausgesprochen für ihre Heldenhaftigkeit und Selbstbeherrschung.«

Ich gehe sofort los ... Aber, ich gebe ehrlich zu, ich möchte lieber die knusprige Rinde von dem Brot abbrechen, als eine Anerkennung für meinen Verdienst zu bekommen. Dieses Verlangen überwindet sogar die Angst, auf einer Mine zu explodieren.

Ach, soll kommen, was kommen soll! Ich werde es vorsichtig hochnehmen, prüfen, ob nicht irgendwo das Ende eines Fadens heraussteht, werde etwas Brot abbrechen. Und – ich zucke zusammen! Gleich zur Polizei.

Auf der Straße ist es leer. Ich lege mich auf das nasse Trottoir und robbe auf den Ellenbogen zu dem Brot. So, so, noch ein bißchen. Jetzt könnte man es schon mit der Hand heranziehen ... Lange mache ich nicht den letzten Schritt. Schließlich setze ich mein Leben aufs Spiel! Aber das Gefühl des Risikos berauscht ...

Zong! Meine Finger, die schon das appetitliche Weiche des Brotes gefühlt hatten, erspüren eine harte, leblose Oberfläche.

So, wie ich auf dem Bauch lag, so blieb ich auch liegen und fühlte mein Unglück. Alles umsonst: meine Kühnheit und Hoffnung ... Vor meiner Nase – eine Attrappe aus Pappmaché, kunstvoll angemalt mit Ölfarbe ... Hätte mir doch früher einfallen können, daß nicht sehr weit weg dieser Tage eine Bäckerei zerbombt worden war! ...

Der Auftrag

»Lenka, lauf doch bitte und hole ein Brot. Wenn du es vollständig erhalten bringst, bekommst du was.«

Solche Aufträge gibt mir Zinaida Pavlovna öfters. Ach, und wie ungern führe ich sie aus! Es ist nicht schwer, ins Geschäft zu laufen und sogar in der Schlange zu stehen, um so mehr, weil es verlockend ist, dann vielleicht ein Fruchtbonbon oder zwei, drei Kekse zu bekommen. Aber diese Bedingung: »Wenn du es vollständig erhalten ...« Und der Ton! Befehlend, eine Ablehnung nicht einmal vermutend, verächtlich. Ich gebe natürlich zu, daß es schlecht ist, daß ich weniger beschäftigt bin als die Erwachsenen, daß es mir leichter fällt, das zu tun ... Aber ich habe eben keine Lust, für die dicke Zinaida Pavlovna den Läufer zu spielen, also ist da nichts zu machen! Unter Mamas strengem Blick bin ich jedoch gezwungen, jedes Mal einzuwilligen.

Was mich an jenem Tag veranlaßt hat, zu protestieren – erinnere ich mich nicht. Das heißt, der Protest war schon lange herangereift, aber es gab dazu irgendeinen unbedeutenden Anlaß, der mir überhaupt nicht im Gedächtnis geblieben ist.

»Heute gehe ich nicht. Gehen Sie selbst!« antwortete ich scharf der erstaunten Nachbarin ins Gesicht.

Mama, die hierbei anwesend war, runzelte die Augenbrauen, was nie etwas Gutes zur Folge hatte.

»Lena, du weißt selbst nicht, was du sagst.«

»Ich weiß das sehr gut.«

»Jetzt werde nicht auch noch frech! Regen Sie sich nicht auf, Zinaida Pavlovna, sie läuft gleich.«

»Ich denke gar nicht daran!«

»Lena!!!«

Ich zucke mit den Schultern und mache mich selbstbewußt an mein Buch. Nichts Gutes ahnend, schlägt mein

Herz wie wild. Weiß ich doch, daß Mama immer erreicht, daß ich das tue, was sie fordert. So wird man mir das nicht durchgehen lassen!

»Zinaida Pavlovna, gehen Sie ruhig in Ihr Zimmer, in einer halben Stunde wird das Brot bei Ihnen auf dem Tisch sein.«

»Wird es nicht!«

Die Tür schließt sich hinter der Nachbarin. In dieser Minute scheint es mir, bin ich völlig mutterseelenallein auf der weiten Welt. Sogar Mama wird jetzt zu meinem Feind. »Alles nur für das Teetrinken«, denke ich bitter und ungerecht und schaue Mama unverwandt böse und unversöhnlich an.

»Wieso schaust du mich so an? Ha? Wieso schaust du so?« keucht Mama wütend. »Undankbare, Egoistin! Ich werde dir zeigen zu fluchen! Ich werde es dir zeigen! ...«

An das Weitere möchte ich mich gar nicht erinnern. Ich widersetze mich mit aller Kraft, doch Mama gelingt es, mir einige Male einen Klaps zu geben. Es tut sehr weh, ist erniedrigend und kränkend. Nur nicht anfangen zu weinen! Nur nicht anfangen zu weinen!

Mit steinernem Gesicht erstarre ich in der Ecke des Diwans. So werde ich eine Stunde sitzen, zwei, drei ...

Vater kommt.

»Hier, finde Gefallen an deinem Schatz! Leute bitten sie um etwas, und sie widersetzt sich. So ein Taugenichts!«

Die »Glut« hat sich nicht abgekühlt, das höre ich an Mamas Stimme.

»Papa, liebster Papa«, flehe ich Vater in Gedanken an, »so bemitleide mich doch! Wenigstens du!«

Papa tue ich leid, das sehe ich, aber Mama ist zu Hause die »Wichtigere«, und er traut sich nicht, sich einzumischen. »Feigling!« denke ich. »Feigling!«

»Solange du dich nicht bei Zinaida Pavlovna entschuldigt hast, bekommst du kein Abendessen!«

Es war schwer in jener Zeit, sich eine härtere Strafe auszudenken.

»Ich brauche auch keines. Ist mir egal.«

Unnachgiebig, hungrig und unglücklich liege ich im Bett. Lange kann ich nicht einschlafen, aber schließlich, geschwächt von der seelischen Zerissenheit, schlafe ich ein …

In der stockfinsteren Nacht, als ich von der boshaft lachenden Zinaida Pavlovna in ihrem Seehund-Pelzmantel und Filzstiefeln träumte, wache ich davon auf, daß etwas Warmes, Nasses auf meine Wangen tropft. Das ist Mama! …

»Mein Mädchen, mein teures … Glaubst du, ich verstehe dich etwa nicht? Aber versteh du auch … Solch eine Zeit. Wenn Zinaida Pavlovna nicht wäre … Ich weiß nicht, was mit dir jetzt wäre … Da ist doch der Hunger, der Skorbut … Verzeih mir, Mädchen … Ich denke nicht an mich. Nur an dich! …«

Wir weinen beide lange. Mama bitterlich, und ich – erleichtert. So hätte man mit mir von Anfang an umgehen sollen – ehrlich. Ich hätte alles gemacht, nur um Mama nicht wehzutun …

Am nächsten Morgen gehe ich zur Nachbarin, bekenne mich schuldig und, nachdem ich ihre Lebensmittelmarke genommen habe, laufe ich in die Bäckerei.

»Meine lieben Bewohner …«

Ende März. Ein strahlend schöner Frühlingstag. Unsere Wohngemeinschaft steht sehr früh auf – viel früher als gewöhnlich. Ich stehe auch mit allen anderen auf. Heute gehen wir zum kollektiven freiwilligen Arbeitseinsatz am Sonntag.

Die Türen der Hauseingänge stehen weit auf. Aus den schwarzen Treppenstollen kommen immer neue und neue

Bewohner ans Licht. Der Hausmeister, ein finsterer Mensch in einer Militärbluse und mit Krücke, liebt scheinbar die strenge Organisation und Disziplin. Er zählt die Angekommenen ab und fordert, daß sich zuerst einmal alle Teilnehmer der Sonntagssonderschicht im ersten Hof aufstellen sollen. Es wird eine Musterung der Arbeitskräfte durchgeführt werden. Das Gesicht des Hausmeisters verfinstert sich noch mehr. Kräftige Arbeiter, die heute tatenlos in ihren Wohnungen sitzen, gibt es nicht. Das ist offensichtlich, sogar bei einer flüchtigen Betrachtung. Nur entkräftete Frauen, Kinder, alte Männer mit Brille, fünf, sechs dünne, genauer skeletthafte Männer unbestimmten Alters … Schwache Hände legen sich kraftlos um die Griffe der Besen, der Kehrschaufeln, der Eimer. Ob diese Hände die schweren Spaten und Schaufeln, die der Hausmeister hergerichtet hat, überhaupt halten können? Er wirft einen zweifelnden Blick über die Menschen. Und wie sie angezogen sind, angezogen! Unter den Röcken schauen schlabberige Trainingshosen hervor, über die Filzstiefel sind Gummischlappen gezogen, verblichene Baskenmützen und Filzhüte rutschen auf die Nasen und Ohren.

»Die Intelligenzija, der Teufel soll sie holen«, brummt der Hausmeister, »kann sich nicht richtig zur Arbeit anziehen …«

Nachdem er an der ungleichen Truppe entlanggehumpelt ist, verändert sich unser Kommandeur. Er streckt militärisch den Rücken und mustert die Versammelten mit einem »mobilisierenden« Befehlshaberblick.

»Ich zäh-le Fün-fergrup-pen ab!«

»Erster, zweiter, dritter, vierter, fünfter … Erster, zweiter, dritter, vierter, fünfter …«

In unserer Fünfergruppe ist Mama die erste, Vater der fünfte. Ich bin in der Mitte, zwischen Tante Sonja und ihrem Mann.

»Die ersten bestimme ich zum Arbeitsgruppenleiter«, ordnet der Hausmeister an. »Sie sollen sich auf ein Zeichen zu ihren Bereichen aufmachen! ...«

Unserer Gruppe werden eine Reihe eingesunkener, schon angetauter Schneehaufen zugeteilt, die unser Haus von der Straße umgeben. Die Schneehaufen muß man mit den Spaten über das Straßenpflaster auseinanderwerfen, damit die Sonne sie ganz erledigt. Andere Gruppen werden das Eis in den Höfen aufhacken und mit Schabern den Asphalt säubern.

»Im Luftschutzkeller ist ein Wasserboiler mit kochendem Wasser aufgestellt«, verkündet der Kommandeur. »Aber ich rate nicht, sich von ihm verleiten zu lassen. Ihr überhitzt euch, dann erkältet ihr euch alle, also schaut auf mich ... Eine halbe Stunde Arbeit, fünf Minuten ruhen wir uns aus. Haben das alle verstanden? Gibt es noch Fragen?«

»Verstanden ... Nein ...«, sprechen wir langsam im Chor.

»Fangen wir an? ...«

»Warten Sie.« Der Hausmeister verändert seinen Kommandeurston. »Jetzt ... Ich wollte Ihnen noch was sagen ... Jetzt ...«

Er führt seine Hand an die Stirn, an die Augen und nimmt buchstäblich seinen grimmigen »befehlenden« Ausdruck vom Gesicht. Jetzt schaut er uns müde und vertrauensvoll an.

»Leningrader, meine lieben Bewohner«, spricht er leise. »Wir haben zusammen einen solchen Winter durchlebt, wenn wir das unseren Kindern erzählen – sie werden es nicht glauben ... Wir selbst sehen furchtbar aus, aber unsere Stadt – noch schlimmer. Sie hat mit uns gelitten, ausgehalten, alles gesehen, alles ertragen. Man muß ihr jetzt helfen – sie heilen, aufräumen, damit sie dem Frühling menschlich begegnet ... Ich weiß, Sie sind alle schwach, hungrig, schwer ist für Sie diese Arbeit, aber was soll man tun, was soll man tun, meine Lieben? Außer uns, den Bewohnern, wird niemand diese Arbeit machen. Fassen Sie Mut, halten Sie irgendwie durch, uns allen wird Gerechtigkeit widerfahren ...«

In der Truppe wird geschluchzt. Der Hausmeister ist wieder grimmig und streng.

»Meine Kompanie: Ach-tung! An die Arbeitsplätze, Marsch!«

Wir arbeiten bis zur Dämmerung. Zuerst todmüde, verschnaufend, immer wieder den Rücken an die von der Sonne erwärmte steinerne Hauswand angelehnt, um nicht umzufallen. Der nasse graue Schnee ist maßlos schwer, die Schneeberge nehmen kein Ende, sie stellen für mich eine Bergkette dar, die über den Horizont hinaus geht. Längst sind die wollenen Kleider und Jacken abgeworfen worden – heiß, schweißbedeckt, die Beine knicken zusammen ... Aber dann, als es schon schien, daß wir nicht durchhalten werden, ging die Arbeit plötzlich von der Hand. Wir kommen in einen Rhythmus, unsere Bewegungen werden konzentrierter, selbstbewußter. Sogar der Hausmeister, der den ganzen Tag auf der Straße und in den Höfen mit seinen Krücken herumgehumpelt war, wobei er schimpfte, Anweisungen gab, lobte unsere Gruppe: »Intelligenzija, Intelligenzija, aber was die kann!«

Mama errötete sogar, so angenehm war ihr dieses Lob.

Solche kollektiven freiwilligen Arbeitseinsätze am Sonntag gab es dann noch viele. Sie fanden schließlich auch an Werktagen statt, abends. Ich erinnere mich nicht, daß irgendwer es abgelehnt hätte, arbeiten zu gehen. Sogar Zinaida Pavlovna griff zu einem Spaten, nachdem sie sich die goldenen Ringe von den Fingern gezogen und kokett ein gelbes Kopftuch über die Hochfrisur gebunden hatte.

Zum Mai hin war Leningrad von Schnee und Dreck gesäubert, und wenn da nicht die zerstörten Gebäude gewesen wären, hätte es fast wie vor dem Krieg ausgesehen.

Geistige Nahrung

Wir trinken und trinken den grünen Aufguß und kaufen immer wieder in der Apotheke große Pakete Fichten- und Kiefernnadeln. Deshalb duftet es bei uns sogar im Mai noch nach Neujahr – die Tassen, die Töpfe, die Hände.

»Die *Frühlingsvitaminmangelkrankheit* ist tückisch«, sagt Vater belehrend, mit gehobenem Zeigefinger. »Gegen sie muß man morgens, mittags und abends kämpfen. Klar?«

»Klar«, antworte ich.

»Das heißt vor dem Frühstück ein Glas Aufguß, vor dem Mittagessen und vor dem Abendessen. Und kein einziges Mal – ›ich mag nicht‹.«

Wir führen artig Papas Vorschriften aus. Aber die Tücke des Vitaminmangels kennt kein Erbarmen. Ungeachtet der heilsamen Nadelgetränke fühlen wir uns alle anhaltend schlapp. Die Schwäche fesselt die Bewegungen, die Gedanken … Ich habe fast völlig aufgehört zu lesen, schlafe unvermutet über den Heften ein, wenn ich Hausaufgaben mache. Sogar die standhafte Mama hält nur mit Mühe die Sticknadel in der Hand und dämmert über ihrer Stickerei. Der gewöhnlich geschäftige Onkel Sascha zieht, nachdem er nach Hause gekommen ist, gleich die Stiefel aus und streckt sich schweigend auf dem kleinen Schlafsofa aus. Und dann aber – könnte man im buchstäblichen Sinne des Wortes Kanonen zünden – Du würdest ihn nicht aufwecken.

Nur Papa, ungeachtet der Erschöpfung und der dumpfen Schmerzen in der Wirbelsäule, spielt eigensinnig in seiner Freizeit auf der Geige.

Und Mama hat sogar keine Kraft, auf ihn böse zu werden. Nur ab und zu bittet sie ihn mit halber Stimme: »Fedja, ich flehe dich an, Ruhe! Du regst die Nachbarn auf …«

In dieses verschlafene Schloß bricht Papa eines Tages gewaltsam mit unerwarteten Ideen ein.

»Durch die physische Nahrung wird man jetzt nicht satt«, erklärt er. »Man muß besonderes Gewicht auf die geistige Nahrung legen. Und du, Lenka, solltest nicht so kichern. Der Kopf sollte nicht mit Gedanken an eine Brotkante beschäftigt sein – ja, ja, ich kann nämlich in dich hineinschauen! –, sondern mit irgend etwas Erhabenem. Ich spiele nicht ohne Grund Geige, man muß es verstehen! Sie hilft mir in dieser schwierigen Zeit. Ein mir bekanntes Mädchen, das schreibt Gedichte. Und jetzt, stell dir vor, sie war so hingerissen von dieser Beschäftigung, daß sie morgens vergaß zu essen.«

»Ha – ha! Und das soll ich glauben?! Vergißt zu essen! Ich würde gerne ein solches Mädchen sehen. Es wäre interessant zu wissen, wo es die jetzt gibt?«

Ich lasse Papas Überlegungen an meinen Ohren vorbei, ohne zu wissen, was mich in der allernächsten Zukunft erwartet.

Am nächsten Tag schenkt mir Papa ein braunes Heft. Wo hat er das aufgetrieben? Papier gibt es in Leningrad kaum mehr, und in der Schule schreiben wir auf, was immer gerade da ist, selbst auf alte Zeitungsfetzen. Papa erklärt, daß »ein Schriftsteller« ihm das Heft geschenkt hat. Mit angeblich diesen Worten: »Hier, Fjodor Dimitrijewitsch, das ist eigens für Ihre Tochter. Ich habe eins übrig. Soll sie schreiben lernen!«

Ich habe nicht den geringsten Zweifel, daß Papa sich das alles ausgedacht und das Heftchen auf dem Flohmarkt aufgetrieben hat, nachdem er irgend etwas aus seiner Lebensmittelration geopfert hat.

Ich drehe die unvermutete Errungenschaft in den Händen. Das ist natürlich eine wunderbare Sache. Wenn ich aus der Mitte, von dort, wo die metallenen Klammern zu sehen sind, Blätter herausreiße, werden es zwei Hefte. Dann werde ich eins Zojka geben. Wir brauchen gerade Hefte fürs Zeichnen.

Aber Papa, der meine Absicht erraten hat, sagt: »Du wirst deine Gedichte hier reinschreiben.«

Was für Gedichte?! Was sind das noch für Scherze?

»Papa, ich muß gehen. Wir haben jetzt Schule.«

Aber Vater ist nicht weniger hartnäckig als Mama. Nur liegt in Mamas Handlungen, meiner Ansicht nach, mehr Sinn.

»Papa, ich kann keine Gedichte schreiben. Und ich will nicht!«

»Wenn du keine schreibst – bekommst du kein Abendessen!«

»Fjodor, was ist das für ein Unsinn?« mischt sich Tante Sonja mitleidig ein.

»Ich habe dich nicht um Rat gefragt!« antwortet Papa scharf.

Mama schweigt aus irgendeinem Grund, nimmt in keiner Weise am Streit teil.

»Leg das Heft auf den Kamin«, befiehlt Papa und verkündet sein Ultimatum: »Und daß zum Abend dort Gedichte drin sind. Hörst du?«

In meiner Seele wächst der Protest gegen solch eine Bevormundung. Und wer geht so um mit mir? Der gute, nachgiebige Papa, mit dem ich sonst immer eine gemeinsame Sprache finde! Von Mama könnte ich so eine Behandlung noch erwarten, ich erinnere mich noch, wie sie bei mir das Lesen »durchsetzte«. Aber Vater? …

Aber dann, in der Schule, als Krokodila ausführlich und langweilig eine Rechenaufgabe erklärt, ertappe ich mich plötzlich dabei, wie sich im Kopf irgendwelche gereimten Zeilen drehen und wenden. Sie drehen und wenden sich ziemlich lang – die ganzen Unterrichtsstunden hindurch und sogar während des Schulmittagessens, bis ein paar holprige Zweizeiler entstanden waren:

Der Frühling kommt! Auf der Straße sich Frühlingszeit
verbreitet,
Und eine wilde Kinderschar durch die Pfützen schreitet.

Die Sonne glänzt fröhlich und lustig und fängt zu
weinen an.
Ein Eiszapfen, ein riesiger, hängt am Dache dran.

Ein Junge seinen Schlitten zieht dort, wo ein Hügel
war,
Er schaut – und es gibt keinen Hügel mehr, weg-
geschwommen er war.

Na, und im Winter über den Häusern ein Geschoß
pfeifend tobte,
versetzte allen Bekannten einen Schlag – die Kinder
auch nicht schonte.

Ich rannte im Dauerlauf nach Hause – mich trieb die Ungeduld, das Gedicht in das braune Heft zu schreiben. Papa war glücklich. Ich bekam Abendessen. Aber ich aß es, ohne es zu beachten: Ich war berauscht von meiner poetischen Eingebung.

Ich schrieb das ganze Heft voll. Papa schenkte mir ein blaues. Danach ein rotes: Liebevoll umhegte er voll Eifer die kleine Dichterin in mir. Während der ganzen Blockade verfaßte ich kleine Gedichte, Poeme, sogar Lieder … Und plötzlich fing ich an, »ein bekanntes Mädchen« zu verstehen, »das vergessen hatte, zu frühstücken«.

Das hatte Papa sichtlich auch erreicht …

Zojkas Kollektion

Von Zojkas Hobby erfuhr ich nur zufällig.

Während der weißen Nächte schlafen wir mit sperrangelweit offenen Fenstern. Im Traum hören wir: Übers Radio wird Alarm gegeben. Aber wie gewöhnlich ziehen wir uns nur die Decke über den Kopf, damit uns der Lärm und das Pfeifen nicht stören. Unter Mamas Einfluß wurden wir allerdings alle allmählich zu Fatalisten, selbst Papa, der zu einiger Panikmache neigt. Am Morgen, als ich die nackten Füße aus dem Bett auf den Boden hinunterlasse, schreie ich laut auf: Die Fußsohlen stoßen auf etwas Kaltes und Scharfes.

»Huch, ein Bombensplitter!«

»Das ist wirklich ein Bombensplitter«, bestätigt Papa, nachdem er das Stück dunkles Metall mit scharfen Kanten aufgehoben hat. »Wie ist der hierher gekommen?«

Noch drei Geschoßsplitter wurden von Tante Sonja in der Mitte des Zimmers entdeckt, auf dem Boden, neben dem Tisch. Sie haben sogar ein tiefe helle Rille ins Parkett gefurcht – mit so einer Kraft sind sie hereingeflogen. Während wir träumten, flogen also durch das offene Fenster die todbringenden Eisenteile? Wieder das »Tamburin« von Rameau?

Aber im großen und ganzen haben uns die Splitter nicht beeindruckt: kleine Blockadeunannehmlichkeiten – nicht mehr.

In der Schule erzähle ich Zojka, was passiert ist. Ihre Augen flammen auf.

»Gibst du sie mir?«

»Was – geben?«

»Sie!«

»Wen – sie?«

»Die Splitter! Ich sammele sie. Ich habe schon eine ganze Kollektion.«

Zojka lädt mich ein, ihre Sammlung anzuschauen. Die Splitter hebt sie in ihrer Schreibtischschublade auf. Viele sind darin – Splitter von Sprengbomben und solche von Granaten. Ich weiß nicht, wer Zojka auf diese Idee gebracht hat, aber jedes Exponat ist mit einem ordentlichen Papierklebeschildchen versehen. Mit ungleichmäßigen Schülerbuchstaben ist das Datum und der Fundort daraufgeschrieben. Zojka veranstaltet eine kleine Führung durch ihr Museum.

»Diesen hier ... Ich habe ihn in unserem Hof, noch im Herbst, im Sandkasten gefunden. Und diesen hier, siehst du, so ein grünlicher, den hat mir Mama mitgebracht.« – Zojkas Mama ist Ärztin »Kriegschirurgin«. – »Sie hat ihn einem Verletzten aus dem Fuß herausoperiert. Und diesen dreieckigen hier habe ich fast im Flug erwischt – er war noch warm, kannst du dir das vorstellen?«

Ich kann es mir vorstellen. Ich hatte selbst die Gelegenheit, auf der Straße heiße Splitter aufzuheben. Nur habe ich sie sofort weggeworfen. Aber Zojka sammelt sie eben.

»Warum machst du das?« frage ich die Freundin.

»Ich weiß nicht«, zuckt Zojka mit den Schultern. »Wahrscheinlich, um den Krieg nicht zu vergessen, wenn er zu Ende sein wird.«

Eine Saatfläche

An der rauhen Granitwand unseres Hauses, direkt neben dem Hauseingang, hängt ein Plakat: »Jeder Leningrader Werktätige soll es als seine Bürgerpflicht auffassen, für sich und seine Familie in einem eigenen Garten Gemüse anzubauen.« Im Radio wird auch dauernd von den Familien, den Grundstücken und dem notwendigen Zubehör gesprochen. Mama hört solche Sendungen mit dem Ausdruck von einigem Entsetzen auf dem Gesicht. Papa dagegen entflammt mit Enthusiasmus.

»Phänomenal! Herbstlicher Borschtsch! Du weißt nicht, wohin mit deinen Brennesseln? Frische Gurken!«

»Ein verwegener Gärtner«, lacht Mama. »Du hast doch einen kaputten Rücken. Und überhaupt: Hast du schon jemals in deinem Leben ein Beet umgestochen?«

»Aber das ist doch lächerlich!« erhitzt sich Papa. »Was gibt es da Besonderes? Schützengräben habe ich doch ausgehoben? Und jetzt eben – Beete! Man nimmt einfach einen Spaten in die Hand und gräbt, ohne sich zu eilen. Frische Luft, körperliche Ertüchtigung, sonnengebräunte Haut! Wir müssen ein Grundstück nehmen. Unbedingt!«

Mama zuckt mit den Schultern.

Man teilt uns ein Grundstück in der Nähe zu, auf der »Prawda Straße«, in einer Grünanlage, die ein großes Gebäude umgibt, das fest mit Brettern vernagelt ist. In der Hausverwaltung treibt Vater einen Spaten auf, und so machen wir uns feierlich zu »unserem Garten« auf. Ich trage eine Kindergießkanne in der Hand – Dimkas. Wer weiß, vielleicht wird sie plötzlich gebraucht? Obwohl ich offen zugebe, daß es bis zum Gießen der grünen Keime noch äußerst lang hin ist. Ich finde es aber einfach angenehm, mich als »Gärtnerin« zu fühlen, und dieses Bild ist in meiner Vorstellung nicht von einer Gießkanne zu trennen.

In der Grünanlage ist die Arbeit in vollem Gang. Zwischen den vereinzelten Bäumen, die im ersten Frühlingslaub stehen, das allerdings etwas verkümmert aussieht, so, als ob auch die Bäume diesen Winter hindurch gehungert hätten, machen sich in der Erde auch andere solche ungelernten Gärtner zu schaffen wie wir. Papa kann es nicht erwarten, an die Arbeit zu gehen. Ich auch nicht.

»Wir stoßen die Spaten in das Beet!« ruft Papa munter aus. »Lena, reime deine nächsten Zeilen! Auf geht's!«

»Bei uns wird alles ordentlich – seht!!!«

»Bravo! Karotten zu klauen, ist ohne Einschränkung erlaubt. Na, weiter!«

Kriks! Papa stößt den Spaten kräftig in den Gartenweg. Aber – o weh! Er geht nicht tiefer als ein paar Zentimeter. Was ist denn da los? Noch einmal – Kriks! Das gleiche. Nachdem wir an verschiedenen Stellen hineingestoßen haben, stellen wir fest, daß sich unter der oberen dünne Sandschicht eine dicke Lage zerbrochener Ziegel befindet. Die Erde ist noch nicht vollkommen aufgetaut, und die Ziegel muß man, wie es scheint, mit dem Spaten herausbrechen. Wir hatten nicht daran gedacht, beim Hausmeister um eine Brechstange zu bitten. Außerdem ist es anstrengend, sie hierher zu schleppen ... Papas Enthusiasmus kühlt sichtbar ab.

»Na gut. Heute bekommen wir da nichts raus«, sagt er. »Gehen wir nach Hause, Kumpel. Morgen werden wir uns richtig dranmachen.«

Am nächsten Tag hat Papa pausenlos Konzertproben. Übermorgen, wie es sich herausstellt, auch. Und auch überübermorgen. Und am Mittwoch, und am Donnerstag, und am Freitag.

Das Grundstück graben um: Mama, Tante Sonja und ich. Die Ziegelsteine graben wir mir einem großen Küchenmesser aus. Aus den roten Stückchen lege ich dann eine Aufschrift auf unser Grundstück: »Tod den faschistischen Besetzern.«

Drei große ebene Beete sind fertig. Aber was sollen wir jetzt pflanzen? Papas Vorstellungen von Gurken, Kohl und anderen edlen Gemüsekulturen hat Mama sofort zur Utopie erklärt. Uns wird es nicht gelingen, Gurken zu züchten – wir haben weder die Erfahrung, noch die Zeit. Man muß irgend etwas Einfacheres, der Pflege nach Anspruchsloseres anbauen, und was das wichtigste ist, etwas, das eine reiche und baldige Ernte abgibt. Wie wäre es mit Kartoffeln? Natürlich Kartoffeln. Aber woher nimmt man eine Knolle zum pflanzen? Kohlsetzlinge treibt man jetzt auch nicht auf.

»Futterrüben! Kennt ihr dieses Wort?« Das spricht Onkel Sascha aus. »Alle setzen jetzt Futterrüben.«

Wir haben bisher nie Futterrüben probiert, was auch kein Wunder ist – sie gelten eigentlich als Futtermittel für Vieh. Aber was macht das denn jetzt? Wichtig ist doch nur, daß das Gemüse satt macht.

Wir setzen Futterrüben – die Samen bringt Mama aus ihrem Institut mit, wo sie unter den Wissenschaftlern verteilt worden sind. Übrigens, ihr wurde noch ein Grundstück angeboten – direkt auf dem Isaaksplatz, unter den Fenstern des Instituts. Aber sie hat abgelehnt.

Eine Kokosnuß

Ich bin gern bei Zojka. Sie lebt in einer geräumigen Wohnung. Ihr Vater ist an der Front. Er dient bei der Marine. Die Mutter, Major des medizinischen Dienstes, kommt nur ab und zu nach Hause und bringt ihre Verpflegungsration. Dank dieser Verpflegungsration hungern Zojka und ihre Großmutter verhältnismäßig weniger als andere.

Zojkas Wohnraum ist ganz anders als unserer. Bei uns in der »Moskauer Straße« haben wir nur zufällige Habseligkeiten, und wenn man den Kamin nicht zählt, stellt die wichtigste Sehenswürdigkeit des Zimmers das mehrfach abgewinkelte Rohr des Kanonenofens dar. Durch Mamas Bemühungen ist es bei uns aber immer aufgeräumt, jeder Gegenstand hat seinen Platz, aber insgesamt wohnen wir natürlich im Provisorium, nicht gemütlich.

Bei Zojka ist das eine ganz andere Sache. Ihre Familie lebt in dieser Wohnung schon nahezu ein ganzes Jahrhundert. Und meiner Ansicht nach hat sich im Verlauf dieser hundert Jahre dort auch nur wenig verändert. In der Ecke ist ein Kachelofen. Auf den Kacheln sind Pferde, Häuschen mit Spitzdächern, Segelboote. Ich kann stundenlang vor diesem Ofen stehen und ihn betrachten – die Bildchen wiederholen sich nicht. An den Zimmerwänden, die mit gestreiften Tapeten beklebt sind, hängen viele Bilder. Besonders gefällt mir das Porträt einer Frau mit tief über die rosa Ohren herabhängenden Korkenzieherlocken. Die Frau schaut aus dem goldenen Rahmen mit einem klaren, etwas schuldigen Blick. Sie hat einen schönen Hals, hellblaue Äderchen an den dünnen Handgelenken. Wenn man lange schaut, kann man meinen, daß die Handgelenke zucken, pulsieren, und die Pfirsichröte auf den Backen Wärme ausstrahlt. Ich denke oft an diese Dame: Wer ist sie? Irgendwie bin ich überzeugt, daß sie Polina hieß ...

»Die Pinsel von Brjullov«, sagt Zojka über dieses Porträt. »Das ist ein Original, weißt du?«

Ich tue so, als ob ich verstehe, doch wer dieser Brjullov ist, weiß ich nicht genau. Aber es ist nicht angenehm, seine Unwissenheit zu zeigen.

Auf einem aus Eiche geschnitzten Schreibtisch gibt es viele wundersame Dinge: ein Tintenfaß in Gestalt eines Schlosses, eine seidene Tischlampe – den faltigen Lampenschirm stützt eine bronzene Meerjungfrau mit Fischschwanz –, alle möglichen seltenen Steine. Und – der Gegenstand meines lebhaftesten Interesses: eine moosige Kokosnuß.

»Das hat Papa von einer weiten Schiffsreise mitgebracht«, erklärt Zojka stolz. »Er war Kapitän und hat die ganze Welt bereist!«

»Darf man die Nuß in die Hand nehmen?« frage ich die gutmütige Großmutter, Nata, einen grauen, abgehetzten Menschen mit kurz geschnittenen Haaren.

»Nehmen Sie, nehmen Sie! Natürlich!« nickt Oma Nata, wobei mir nicht klar ist, wieso sie mich »siezt«.

Die Nuß ist schwer, die braunen Faserfäden kitzeln mir die Handflächen. Wenn man das Ohr an sie hält, hört man, wie drinnen irgend etwas gluckst. Mir fällt ein, daß Robinson Crusoe auf seiner unbewohnten Insel sich von Kokosnüssen ernährt hatte. Das heißt, sie sind eßbar? Interessant, wie die wohl schmecken? Wie Walnüsse?

Während ich die Kokusmuß in die Höhe werfe wie einen Ball, schiele ich mit einem Auge zu Zojka. Und auf ihrem Gesicht sehe ich die gleiche Neugierde, die auch mich gepackt hat.

»Und was ist, wenn ...«

Zojka versteht mit einem halben Wort.

»Morgen!« flüstert sie. »Jetzt ist Oma Nata zu Hause. Morgen!«

Am nächsten Morgen kommt Zojka mit einer seltsam aufgeblähten Schultasche in die Schule.

»Was hast du da?« interessiert sich Buschuj.

»Einem Neugierigen hat man auf dem Bazar die Nase abgebissen«, fletscht meine Freundin ihre Zähne.

Nach dem Unterricht rasen wir in einen unserer dritten Höfe. Unterwegs nehme ich einen Pflasterstein mit.

Uf-f-f! Was war das für eine Arbeit! Ich bearbeite die Nuß mit dem Stein. Von ihr flog nur ein braunes Härchen zur Seite. Ich schlage stärker zu – keine Wirkung. Danach haut Zojka. Erfolglos. Schließlich begannen wir, die Nuß auf den Asphalt zu schlagen, gegen die Hauswand. Die verdammte Kokosnuß gab nicht nach.

Ich begab mich in den fünften Stock und warf die Nuß aus dem Treppenhausfenster hinunter. Sie blieb ganz, nur irgendjemand, der den Hof überquerte, stürzte erschrocken unter das Vordach. Wahrscheinlich dachte er, daß dort eine Brandbombe hingefallen ist.

»Wie schade, wir bräuchten Schießpulver!« gibt sich Zojka Träumereien hin.

»Ja-a! ...«, stimme ich zu. »Das wäre fein!«

Wir als Kinder der Kriegszeit, dachten auch »kriegerisch«: sprengen – und fertig.

Aber Schießpulver konnte man nirgends bekommen.

Am Abend schaffte Zojka die Nuß wieder auf den Schreibtisch. Die kurzsichtige Oma Nata hat sowieso nicht ihre eintägige Abwesenheit bemerkt.

Das Kokosgeheimnis blieb ungelüftet.

Viele Jahre später besuchte ich die Schulfreundin. Ihre Mutter, die schon in Pension war, war der Oma Nata wie aus dem Gesicht geschnitten ähnlich geworden. Oma Baba Nata war schon lange gestorben. Zojkas Ehemann ist ein Ingenieur, ihre Kinder heißen Katja und Viktor.

Die Kokosnuß liegt genau auf demselben Platz, genau auf demselben Schreibtisch, in dessen Schublade bis heute noch die Kollektion der verschiedenen Bombensplitter aufbewahrt wird.

»Weißt du?« lacht Zojka »Meine Kinder haben auch einmal die Kokosnuß stibitzt und versuchten sie zu zertrümmern. Sie dachten, daß ich nichts merken würde!«

»Enike, benike, sika lisa ...«

Und da ist der Sommer!

Ein richtig heißer Sommer. Zwischen den Steinplatten des Trottoirs auf der »Prawda Straße« sprießen grüne Grastriebe hervor. Die Barrikade in der »Svetschnaja Gasse« hat zu blühen angefangen mit goldenem Löwenzahn. Ich habe den Löwenzahn schon probiert, die weiße Milch abgeleckt, die an der Bruchstelle des Röhrchen-Stiels zum Vorschein kommt. Etwas bitter, natürlich, aber vollkommen, vollkommen ...

Unser Gemüsegarten in der Grünanlage ist in üppigem Pflanzenwuchs aufgegangen. Wo allerdings die Futterrüben sind und wo das Unkraut, ist schwer auszumachen. Es wurde beschlossen, so lange zu warten, bis sich die Futterrübe etwas aktiver gezeigt hat, so daß man sie mit nichts mehr verwechseln kann.

Ich habe den Auftrag, ab und zu die Beete zu gießen.

Die Schulstunden sind zu Ende, Zojka ist nicht da – sie ist mit ihrer Oma Nata für die Sommermonate nach Ozerki umgezogen, wo sie Bekannte haben. Ich habe viel Freizeit. Ich stehe spät auf, esse in der Volksküche, wo sie angefangen haben, zum Frühstück Koteletts aus Schwanenfleisch auszugeben und zum Mittagessen Brennesselsuppe. Und dann schlendere ich herum, wo ich will, ich bin ganz mein eigener Herr. Die Erwachsenen sind den ganzen Tag nicht zu Hause.

Ich nehme die Gießkanne, Mamas wattierte Jacke und mache mich in »unseren Garten« auf. Ich breite die wattierte Jacke neben der Losung »Tod den faschistischen Belagerern!« aus Ziegelsteinen aus und lege mich zum Sonnen darauf. Die Sonne wärmt. Ich genieße die Ruhe, fange an zu träumen ... Wenn der nächste Bombenangriff kommt, stecke ich das Gesicht in die erwärmte Erde und wiederhole stumm den bekannten Kinderauszählreim:

Enike, benike, sika lisa,
Enike, benike, ba! ...

Und versuche an nichts zu denken. An nichts.

Auf dem benachbarten Beet arbeitet oft ein alter Mann in einer weißen Kosovorotka[22], mit aufgesticktem ukraini-

---

[22] Hemd mit Stehkragen und seitlichem Verschluß.

schem Kreuz. Auf der Glatze trägt er ein buntes, rundes Käppchen – eine Tjubetejka.[23] Er hat auch eine Harke, um den Boden aufzulockern, und ein dreieckiges Hackmesser und eine sehr praktische Schaufel mit einem kurzen glatten Griff. Der alte Mann bringt auch Wasser in einer umflochtenen Flasche mit. Manchmal trinkt er, indem er die Gefäßöffnung an seinen Mund legt, manchmal gießt er sparsam sein Gemüse, nachdem er um jede Pflanze eine kleine Grube gemacht hat. Seine Beete sind in hervorragendem Zustand.

Der alte Mann spricht nie mit mir – ist immer ganz in die Arbeit vertieft. Nur ab und zu hebt er den Kopf, schaut zu mir herüber und lächelt, ohne die Lippen zu öffnen. Er lächelt sehr lieb und freundlich. Und ich werde immer etwas fröhlicher – ich bin hier doch nicht allein!

Während eines Bombenangriffs verhält sich der Opa genauso wie ich – legt sich auf den Boden und bedeckt sein Haupt noch mit der Schaufel.

Ein Geschoß explodiert irgendwo in der Nähe. Es kracht ordentlich. Die Erde erzittert dumpf unter meiner wattierten Jacke. Kopf und Rücken werden mit Sand bestreut.

Ich liege noch einige Zeit unbeweglich da. Jetzt kracht es etwas weiter weg, man kann sich wieder umschauen. Ich knie mich hin, flechte die Zöpfe auf, schüttle mich kräftig – die Sandkörner rieseln aus den Haaren wie Regen. Durch diesen Regen sehe ich die im Gartengrün leuchtende weiße Kittelbluse. Warum bleibt Opa so lange liegen? Er kann doch jetzt wieder aufstehen. Es sieht so aus, daß sie nicht mehr schießen werden. Soll ich dem alten Mann zurufen? Aber wir kennen uns doch nicht und unterhalten uns nur mittels des stummen Lächelns. Soll er sich ausruhen, wenn es ihm gefällt.

---

23 Buntes, rundes Käppchen, typische Kopfbedeckung für Männer in Zentralasien.

Ich lege mich wieder zum Sonnen hin – schnell wird es mir langweilig. Ich habe die Futterrüben gegossen – das Wasser in meiner Gießkanne ist wenig, es versickert schnell. Und der Opa liegt und liegt noch immer. Die Hände irgendwie merkwürdig hochgerissen. Warum? Ich werde unruhig. Obwohl alles übrige wie immer ist. Durch die Zweige der Sträucher sehe ich einzelne Fußgänger, es geht ein Windchen, der die Schaufel aufblitzen läßt, mit der der alte Mann wie gewöhnlich seinen Kopf bedeckt hat ... Nur seine umflochtene Flasche ist umgefallen, und wahrscheinlich rinnt das Wasser aus. Merkt er das etwa nicht? Da, auf der Tjubeteika hat sich eine dunkle Pfütze gebildet. Eine sehr dunkle. Oh Gott! Warum ist sie so dunkel? Enike, benike, sika lisa, warum ist sie so dunkel?!!

Ich stürze Hals über Kopf auf die Straße. Mir entgegen schleppt sich eine ältere Frau. Ich fasse mit den Händen ihr Kleid: »Kommen Sie! Kommen Sie! Mütterchen! Schnell! Dort... Dort!...«

Die Frau möchte nicht, ich sehe es. Sie ist sehr dünn, und in ihren Augen ist Gleichgültigkeit – selbst kann sie sich gerade auf den Beinen halten. Aber ich lasse sie nicht los, zerre sie in die Grünanlage.

Wir beugen uns über die weiße Kittelbluse. An der Schläfe, die nicht mit der Schaufel geschützt war, ist eine tiefe Wunde. Aus ihr fließt langsam in einem dunklen Strom dickflüssiges Blut.

»Ein Splitter«, sagt die Frau gleichgültig. »Ich gehe, ihm kann man nicht mehr helfen. Und du Mädchen, lauf, ruf noch irgend jemanden her.«

Die Frau geht weg. Ich bleibe allein mit dem alten Mann. Ich denke an nichts. An überhaupt nichts. Es klopft-klopft-klopft nur im Kopf:

Enike, benike, sika lisa,
Enike, benike, sika lisa,
Enike, benike, sika lisa …

Es klopft sehr lange. Auch dann, als ich erneut auf die »Prawda Straße« hinausgehe, Leute suche, zwei Soldaten treffe, die den alten Mann an den Armen und Beinen packen und irgendwohin wegtragen, und als ich in der Volksküche sitze und – ohne jeglichen Appetit – den Auflauf aus Schrot kaue, und als ich zu Hause in der Ecke zu zittern anfange, wobei ich alle mit meiner Schweigsamkeit erstaune, und sogar in der Nacht, im Traum, als ich, wie in Wirklichkeit das liebe Lächeln des alten Mannes sehe und seine bunte Tjubetejka … Enike benike, sika lisa … Enike, benike, sika lisa …

Mein verwundeter Bekannter

Ich will die Futterrüben nicht mehr gießen.

Ich kann nicht.

Ich lüge zu Hause, daß ich da war, hingegangen bin, daß das Gemüse wächst, ich es gegossen habe, aber eigentlich treibe ich mich von morgens bis abends auf den Straßen und den innersten Höfen herum, wobei ich »unseren Garten« umgehe. Manchmal male ich auf den heißen Asphalt Hüpfekästchen, hüpfe allein, spiele nur ganz kurz, weil ich schnell müde werde, und mache mich erneut auf den Weg. Ich mache zufällige Bekanntschaften – irgendwelche zerzausten, ungewaschenen Mädchen mit abgekauten Fingernägeln. Wir bleiben für die eine oder andere Stunde zusammen, um den Gummiball an die Wand des Torbogens zu werfen, und gehen dann auch wieder in verschiedene Richtungen auseinander, ohne erfahren zu haben, wie der andere heißt …

In der Stadt ist es schwül, es ist menschenleer, obwohl derzeit wieder die Straßenbahn fährt, die an den Nahtstellen der Schienen klirrt und mit dem Bogen aus Draht grüne Funken herausschlägt. Aber in den roten Waggons ist es auch ziemlich leer. Oft treffe ich eine Lasten-Straßenbahn – eine dunkelgelbe, mit langen offenen Wagen. Auf den Ladeflächen sind Kanonen im Gänsemarsch aufgestellt, Kisten mit Munition aufgetürmt: Die Straßenbahn fährt direkt an die Front. Im hellblauen Sommerhimmel sind dicke Zeppeline hängengeblieben, die wie Leberwürste aussahen. Wenn ich die sehe, kommen mir immer Zweifel: Dienen diese Zeppeline etwa zu irgendeinem Schutz vor den »Junkers« und »Messerschmitts«?

Ich gehe eine enge, von beiden Seiten durch hoche Gebäude beschattete Gasse entlang, am Institut für Kältetechnik vorbei und bleibe auf der höchsten Erhebung der Tscherniltschew Brücke über die Fontanka stehen. Ich setze mich auf die kräftigen Glieder der gußeisernen Kette und versuche zu schaukeln, indem ich mich mit den Füßen abstoße. In den Augen vermehren sich und lodern hunderte Miniatur-Regenbögen – es sind Spiegelungen der Sonne über dem dreckigen Wasser der leidgeprüften Fontanka, in die der ganze Frühlingsschnee hineingeronnen ist und das Eis aus den umliegenden Stadtvierteln. Die Fontanka fließt träge dahin, mit Widerwillen – das heißt, das Flüßchen weiß selbst, daß man in den Finnischen Meerbusen niemals solch ein verdächtig trübes Wasser »abgeben« kann.

Auf der Brüstung der Ufermauer, neben dem Großen Schauspielhaus, heben sich schwarz die unbeweglichen Gestalten von Anglern ab. Zwei Jungen, die sich weit über die Mauer gebeugt haben, schauen aufmerksam ins Wasser. Nein, doch lieber nicht hinschauen. Mir fällt der unheimliche Vorfall ein, von dem Onkel Sascha unlängst erzählt hat.

Auf der Fontanka, direkt am Ufer, nicht tiefer als eineinhalb Meter, hat man eine Frauenleiche gesehen. Um den Hals – eine Schnur mit Stein, in den Händen – eine krampfhaft umfaßte Tasche…

Eine dieser sommerlichen Wanderungen führte mich in einen viereckigen, nach allen Seiten mit durchgehenden tür- und fensterlosen Brandmauern eingeschlossenen Hof. Menschenleer, still, es riecht irgendwie nach Medizin… Was suche ich hier? Ich gehe zurück… Plötzlich höre ich die Stimme von irgend jemandem, eigentlich keine Stimme, sondern ein stimmhaftes Flüstern:

»Schwester… Schwester!…«

Ich drehe den Kopf, wobei ich die Wände betrachte. In der Ecke der ziegelroten Wände – kaum zu sehen, ein schmales Fenster. Vielmehr ein Spalt, der mit einem Gitter versehen ist. Aus diesem Gitter heraus kommt auch das Geflüster. In der Dunkelheit schimmert weiß ein Gesicht.

»Komm, komm hierher! Hab' doch keine Angst!«

Das ist leicht gesagt – hab' keine Angst! Wilde Gedanken, einer schrecklicher als der andere, jagen durch meine Vorstellung. Ein Gespenst? Ein Verbrecher? Wenn ich nahe herangehe, steckt er eine knöcherne Hand durch das Gitter und faßt mich am Hals! Und rundherum keine einzige Seele. Oder soll ich trotzdem herangehen?

»Sei kein Feigling! Komm näher – ich möchte dir etwas sagen …«

Drei Schritte vorwärts.

»Und … wer sind Sie?«

»Ja, verflucht, ich bin ein Verwundeter! Hier ist das Krankenhaus. Der Eingang liegt auf der anderen Straße. Ich bin im Waschraum, er geht zum Hof hinaus … Komm schnell, solang man mich nicht schlägt. Ich darf nicht aufstehen …«

Ein Verwundeter! Das ist etwas ganz anderes. Verwundete habe ich noch nie gesehen, bis wir mit der ganzen Klasse ins Krankenhaus gingen und ihnen etwas vorsangen, ich las mein Gedicht über den Frühling ... Verwundete sind gut, freundlich. Ich laufe zu dem Fensterspalt, wobei ich versuche, den Mann in der Dämmerung zu erkennen. Ein glatziges, rasiertes eiförmiges Gesicht, Falten neben den Lippen, leuchtende Augen.

»Wie heißt du, Schwester?«

»Lenka!«

»Lenka – das ist schön! Ich hatte eine Bekannte namens Elena. Hier, das ist für dich, Lenka, nimm ...«

Die gelben Finger mit blassen langen Nägeln strecken mir zwischen den Gitterstäben ein Stück Zucker durch.

»Danke!!!«

»Auf deine Gesundheit! Und ich heiße Pjotr oder Petruscha.«

»Danke, Onkel Petruscha.«

»Ich bin doch kein Onkel? Ich bin noch jung! Nur ziemlich beschädigt, aber sonst – jung. Na gut, lauf, Schwester, lauf, Lenka. Ich wollte mich etwas unterhalten. Kommst du noch mal zu mir?«

»Ja!«

Petruscha und ich verabreden ein Wiedersehen in drei Tagen. Ich bin aufgeregt. Ich habe ein Geheimnis! Abends kann ich lange nicht einschlafen, überlege mir, mit was ich meinen Verwundeten erfreuen könnte. Ich beschließe, ihm einen Tabaksbeutel zu nähen aus einem Stück Wildleder, das ich bei Mama gesehen habe, und ihm einen Tuschestift zu schenken. Und dann werde ich noch auf den Straßenbarrikaden einen Löwenzahnstrauß pflücken.

Petruscha und ich treffen uns wie alte Bekannte. Ich bekomme wieder etwas angeboten – eine Käseecke. Petruscha ist unendlich gerührt über meine Geschenke. Wir unterhalten uns lange durch das Gitter. Ich erzähle von unserer Wohngemeinschaft, von der Schule, er – von sich. Petruscha ist aus der Gegend um Pskov, wo seine Mutter und Schwester leben. Und diese Freundin Elena – meine Namensschwester. Das Pskover Gebiet ist von den Deutschen besetzt. Petruscha weiß von seinen Angehörigen nichts. Ob sie leben? Er ist schwer verletzt, im Bauch, man erlaubt ihm nicht, aufzustehen, aber er hat keine Lust mehr, zu liegen, und egal – soll kommen, was kommen mag! – er steht trotzdem manchmal heimlich auf... Im Krankenhaus wird man schwermütig: »Liegst du selbst mal im Krankenhaus – wirst es erfahren...«

Ich lag im Krankenhaus, ich weiß. Ich fühle mit.

Wir trafen uns noch zwei Mal. Und dann war er verschwunden. Ich kam mit einem frischen Löwenzahnstrauß, stand, stand vor dem vergitterten Fenster, aber er kam einfach nicht. Ich streckte meine Hände aus und warf die Blumen in den Waschraum. Wenn er sie sieht – versteht er, daß ich da war. Und noch einmal kam ich, aber er tauchte einfach nicht mehr auf.

Vielleicht wurde er auf ein anderes Stockwerk verlegt? Oder in ein anderes Krankenhaus? Aber vielleicht wurde er entlassen? Aber vielleicht...

Die nächsten Sätze formuliere ich nicht.

Von einer Futter-Ration für Hunde leben

»Er hat einen Hund – Torero, eine Schäferhündin. Eine riesige. Und so eine gepflegte, weiche. Das Fell glänzt direkt. Ich wunderte mich, jetzt wurden doch alle Hunde aufgegessen, wie kommt es, frage ich, daß Ihrer verschont blieb? Und er lacht! Das, sagt er, ist eine besondere Hündin. Sie ist nicht mit Geld zu bezahlen. Sie ist ein preisgekröntes Tier, erzogen zu bestem Benehmen. Sie ist besonders registriert. Und eine Verpflegungsration ist auch für sie vorgesehen – mehr als für einen Menschen. Sie ist immer satt, und ich mit ihr. Und außerdem, sagt er, habe ich im Herbst Urlaub, und Torero und ich werden uns als Wächter verdingen, die Gemüsegärten bewachen. Dort wird übrigens in Naturalien gezahlt – mit Kartoffeln und Kohl. Da schaust du, ja, mit unserem Hund kommen wir auch durch den nächsten Winter. Wir, sagt er, haben keine Angst vor dem Hunger …«

Das erzählt Mama von einem bekannten Musikwissenschaftler, mit dem sie gemeinsam im Institut arbeitet.

Wir hören alle mit offenen Mündern zu.

»Wie ist das möglich?« wundert sich Tante Sonja. »Auf was die Leute kommen! Uns wäre es nie in den Sinn gekommen – sich mit Hilfe eines Hundes zu ernähren!«

Einige Tage später, während einer meiner einsamen Spaziergänge, schlendere ich bis zu Anitschkow-Brücke. Neben dem Eingang zum »Pionierpalast«[24] – ein großes Plakat über die Neuaufnahme in die Kinder-Freizeitgruppen. Es werden Interessenten eingeladen in die »Darstellende Kunst«, »Drama«, »Puppen-Gruppe« und – »Hundezucht«!

»Hier gibt es nichts, worüber man lange nachdenken muß«, entscheide ich. »Man muß sich schleunigst eintragen!«

Im Labyrinth der leeren Palasträumlichkeiten finde ich nur mit Mühe das richtige Zimmer. Ohne überflüssige Nachfragen werde ich in eine Liste der zukünftigen Hundezüchter eingetragen. Es wird versprochen, mir einen Welpen zur Aufzucht zu geben. »Und das heißt – auch eine Verpflegungsration!« freue ich mich stumm und laufe hüpfend die Treppe hinunter, auf die Uferstraße der Fontanka. Morgen ist die erste Stunde. Hurra!

---

[24] Einrichtung der Jugendorganisation »Junge Pioniere«.

Auf dem Nachhauseweg überlege ich fieberhaft, wie ich unsere Wohngemeinschaft auf das Erscheinen eines neuen, vierbeinigen Mitglieds vorbereiten soll. Man braucht wahrscheinlich vor allem ein Halsband. Ich werde Papas Gürtel nehmen, er hat einen übrig. Dann als Bett in der Ecke des Zimmers eine weiche Unterlage. Eine Schüssel werde ich auch auftreiben. Wenn ich mich morgen zum Pionierpalast aufmache, nehme ich irgendeine Tasche oder einen Korb mit – so einen Welpen kann man ja nicht sichtbar durch die Stadt schleppen: Er kann einem ja weggenommen werden! Und wie soll ich das Hündchen nennen? Robinson oder Musketier! Aber wenn es weiblich ist? Dann – My Lady! Denen zu Hause sage ich einstweilen nichts: soll es doch eine Überraschung werden. Die Verpflegungsration werde ich selbst holen, da ich niemandem vertraue.

Zu der ersten Stunde bin ich lange vor vier Uhr da, und ungefähr vierzig Minuten vergehe ich vor Erwartung vor verschlossener Türe, wobei ich auf einem weißen Stuhl sitze mit hellblauer samtener Sitzfläche und auf den Knien den Korb halte. Endlich kommt der Lehrer – eine ältere Person mit roten Haarbüscheln um die runde Glatze – und sperrt mit einem Schlüssel die Tür auf. Es kommen noch fünf junge Hundezüchter – drei Jungens und zwei Mädchen, älter als ich. Körbe oder Halsbänder sind bei keinem zu sehen, dafür haben alle Notizblöcke und einen Bleistiftstummel in den Händen.

Wir setzten uns um einen runden Tisch. Der Lehrer schenkt uns kein einziges Lächeln. Nachdem er alle mit dem Familiennamen eingetragen hat, kommt er gleich zur Sache.

»Die ersten fünfzehn Stunden«, spricht er bedeutungsvoll, »widmen wir dem Kennenlernen verschiedener Rassen. Wir schreiben ihre Anatomie und ihre psychologischen Besonderheiten auf. Nehmt eure Hefte heraus, schreibt. Also, was ist ein Hund? ...«

Fünfzehn Stunden. Bei einmal in der Woche! Wann werden wir dann unsere Welpen bekommen? Nicht vor einem halben Jahr.

Ich bin tief gekränkt. Wahrscheinlich ist diese Gruppe in der Ankündigung nicht richtig benannt. Das ist keine Hundezüchter-, sondern eine Hundewissenschaftlergruppe.

Jemanden fragen? Ich stoße den Nachbarn in die Seite – ein Jungen, der eifrig seine Hand über das Papier führt.

»Stör nicht!« unterbricht er mich.

»Wir brauchen keine Schwätzer im Unterricht«, wirft der Lehrer wie nebenbei über die Schulter, »sie sind nicht erwünscht – und Schluß!«

Mit leerem Korb und niedergeschlagen schleppe ich mich erniedrigt nach Hause. Von meinem »Fiasko« schweige ich zu Hause. Irgendein Gefühl sagt mir: Aus der Gruppe hat man mich zu Recht rausgeworfen! Habe ich doch nicht nur vom Welpen geträumt, sondern auch von seiner Verpflegungsration.

Der rothaarige Hundezüchter hat das sicherlich gewittert.

Picknick auf dem Landsitz der Zarenfamilie

»Mein armes Mädchen«, sagt Mama, »immer alleine und alleine. Weißt du was? Diese Woche werde ich etwas mehr Zeit haben. Laß uns zusammen ein Picknick veranstalten! Hast du Lust?«

Picknick! Was für ein gar nicht Blockade-typisches Wort! Und überhaupt, wie wenig es in die Zeit paßt – als ob es sich von den Seiten eines alten Buches mit Bildern abgelöst hat. Eine grüne liebliche Wiese unter Baumkronen, Mama mit Sonnenschirm aus geklöppelter Spitze, welcher einen gemusterten Schatten auf das weiße Tischtuch wirft. Ein Bastkorb, aus dem ein gebratenes Hühnerbein hervorsteht. Entzückende Kinder in Matrosengewändern und nicht sehr weit weg – eine Kutsche, mit zwei Pferden angespannt…

Ist es nötig, mich zu fragen – ob ich ein Picknick will? Ich weiß, daß es natürlich anders sein wird als jenes, das ich mir blitzschnell ausgedacht habe, aber trotzdem habe ich Lust! Sehr sogar!

Wir sammeln vom Abend an. Die Hälfte des Abendessens – ein Küchlein aus Melde[25] und etwas Schwarzbrot wickeln wir in Pergamentpapier ein. Nehmen einen nicht sehr großen Krug für das Wasser mit und ein kleines weißes Tischtuch. Was ist das schon für ein Picknick ohne kleine Tischdecke? Nein, wir haben keinen Sonnenschirm aus geklöppelter Spitze, keine Kutsche, dafür prangt aber ein Strohhut mit flatterndem Band auf meinem Kopf, und zu unseren Diensten – die Straßenbahn Nummer achtzehn. Sie fährt uns in Windeseile bis zum Udelnyj Park, sehr viel schneller als jegliche Pferde.

Ein frischer Morgen. Die Straßenbahn rattert zügig durch die Stadt. Es gibt wenig Passagiere – Mama und ich und zwei Mütterchen, die den ganzen Weg lebhaft schnattern. Die gelben Bänke sind völlig leer, und ich kann mich ausbreiten, wie es mir gefällt: mich hinknien und die Nase ans Fenster drücken … Vorbei ziehen die schäbigen, alle von Bombensplittern gezeichneten Leningrader Häuser, deutlich heben sich die Aufschriften an den Wänden ab: »Bei Artilleriebeschuß ist diese Seite der Straße besonders gefährlich.«

Die Straßenbahn hält sich gerade in der Mitte zwischen der gefährlichen und der ungefährlichen Seite. Gerade deshalb müssen wir, wenn Alarm gegeben wird, aus dem Waggon herauskriechen und gemeinsam mit dem hochaufgeschossenen Wagenfuhrer, den Kontrolleuren und den

---

25 Eine Art wilder Spinat.

Mütterchen-Freundinnen den Beschuß unter einem Torbogen abwarten.

Als wir in den Waggon zurückkehren, stellt sich heraus, daß die Scheibe, an die ich meine Nase gedrückt hatte, nicht mehr existiert – sie war herausgefallen. Aber, meiner Ansicht nach, war es nur besser geworden – die Straßenbahn wird von einem kühlen Windchen durchweht …

Und da ist die Station Udelnaja. Die Bäume reichen bis an die Haltestelle heran. Es riecht nach erwärmtem Laub, nach Feldblumen – und allgemein nach etwas Vergessenem, Dörflichen, Guten … Wir dringen immer tiefer in die grünen Tunnelgänge ein. Der Park ist verwildert und geht in einen einfachen Wald über. Kaum sind die von fettem Gras überwachsenen Wege zu sehen. Mama berührt zärtlich mit der Hand Zweige von Sträuchern, an denen wir vorbeigehen. Gleitet mit ihren langen Fingern über die leicht nach oben gebogenen Enden der Blätter – und lächelt …

Ich schaue Mama an und kann mich nicht satt sehen. Sie ist heute so hübsch in diesem mit Licht und Leben durchdrungenen Wald! Da hat sie sich gebückt, hat im Gras eine fliederfarbene Glockenblume gefunden, ruft mich, sie anzuschauen. Das Gesicht ist so jung, so scheu … Eine silberne Haarsträhne fällt ihr in die Stirn. Wie gut sie zu Mamas grauen Augen paßt! Es leuchtet in der Sonne die noch ungebräunte Haut der zerbrechlichen, sanft geneigten Schultern … Jetzt hat sich Mama leicht und beweglich aufgerichtet. Sie steckt den Stiel der Glockenblume durchs Knopfloch ihres Kleides aus grobem Leinen – sie hat es sich vor kurzem selbst genäht und mit Stickereien verziert. Und die einfachen Blüten fangen gleich an zu »spielen« auf dem ziemlich groben Stoff, wobei sie sowohl das Kleid als auch die ganze ebenmäßige Figur von Mama beleben … Zum ersten Mal versinke ich in Nachdenken darüber, was für ein unfehlbares Gespür für Schönheit meine Mutter hat und wie wunderschön, wahrlich wunderschön sie selbst ist! Genauer, ich versinke nicht ins Nachdenken – diese Gedanken waren damals noch nicht bei mir gereift –, ich war nur plötzlich irgendwie von diesem Gefühl erfüllt. Schmerzhaft erfüllt, tief – bis zu Tränen.

»Aljonuschka, worüber bist du traurig geworden? Bist du müde?« Mamas Stimme in der warmen sommerlichen Luft klingt fast gedämpft.

»Nein, ich bin einfach so, nichts …«

Wir spazieren bis zur durchsichtigen Leningrader Dämmerung. Wir finden immer neue und neue Lichtungen, auf denen man sich wunderbar ausbreiten kann. Ich bekomme etwas Brot, aber ich kann nicht stillsitzen: Ich möchte eine noch schönere Lichtung suchen. Ich versuche, Gras zu essen. Mit großem Appetit verschlinge ich fette Henne – dreifingrige Blätter, sauer, wie Sauerampfer. Ich sauge den süßen Nektar aus den roten Blüten des Klees – eine breiige Masse. Außerdem sammeln wir einen ganzen Haufen saftiger vorzüglicher Melde – sie wird morgen zum Mittagessen brauchbar sein.

Der Park ist menschenleer, feierlich. Still, wenn man nicht auf das fürchterliche Grollen des Kanonendonners lauscht, das nicht verstummt. Aber wir hören auch nicht darauf. Versuchen, nicht darauf zu lauschen …

Kantaten und Oratorien

Erneut lichten sich die Reihen unserer Wohngemeinschaft. An die Front ging der bescheidene, wortkarge Onkel Kolja. Er hatte das Schuljahr in seiner Schule abgeschlossen, arbeitete mit den Sitzengebliebenen, benotete seine Oberstufenschüler mit »ausgezeichnet« und »gut« in Mathematik und Geometrie – und ging. Vorerst ist er zwar noch in der Kaserne und durchläuft eine Ausbildung. Einmal in der Woche kommt Onkel Kolja kurz auf Besuch nach Hause – sehr ungewohnt sein Anblick in der neuen Militärbluse und den Stiefelhosen. Er hat überhaupt kein Soldatenaussehen, abgesehen von der Uniform. Er spricht auch wie ein Zivilist und benimmt sich wie ein Zivilist. Onkel Sascha macht sich lustig über »unseren erfolglosen Krieger«. Und – jedes Mal – beleidigt er unversehens Tante Sonja. Gewöhnlich ist sie dann schroff: »Du würdest gut daran tun zu schweigen, Sascha, ja? Du darfst in der Stadt sitzen – in Sicherheit abwarten, aber er ...«

Hier beißt sich Tante Sonja auf die Lippen und dreht sich zum Fenster, und ich sehe, wie kaum merkbar die Schultern zucken.

»Sonja? Was hast du?« ist Onkel Sascha verwirrt. »Ich habe doch einfach nur so, um die Gemüter zu heben ... Und daß mir das rechte Auge fehlt, dafür kann ich doch nichts ... Hätte ich das Auge, säße ich jetzt nicht mit euch hier ...«

Papa war in der Sommerzeit vollkommen erschöpft. Er hat sogar aufgehört, zu Hause Geige zu spielen, und zwingt mich nicht mehr, Gedichte zu schreiben. Konzerte, Konzerte, Konzerte ... In der Stadt, an der vordersten Front. Und dann noch irgendwelche Estradenprogramme, die er begeistert in den Nächten zusammenstellt, und außerdem der Kurs »Das künstlerische Wort« im benachbarten »Haus der Kulturen« ...

Wie hält Papa das nur aus? Er ist dünn wie ein Telegrafenmast, der gestreifte langärmlige Baumwollpullover hängt in Falten auf den Schultern. Und die Hose erst, die Hose! ... Sogar mit zwei Gürteln festgehalten, damit sie beim Gehen nicht verlorengeht!

Auch Mama ist müde. Sie schreibt eine große wissenschaftlichen Arbeit – »Die Geschichte der Kantaten und Oratorien in Rußland« – und beeilt sich, sie fristgerecht zu Ende zu bringen. Ob es sich lohnt, in ein Gespräch zu kommen über diese Kantaten, bezweifelt Zinaida Pavlovna aufrichtig.

»Oratorien! Kantaten! Wer braucht die denn jetzt?! Einfach komisch, dieser Gott! Aber hätte man sich nicht mit den Möglichkeiten abfinden können, sich gut zu arrangieren? Da es sie doch gibt, diese Möglichkeiten! Sie gibt es! ... Ach, Olga! Sie tun mir leid, wenn ich Sie so anschaue! Haut und Knochen!«

»Sie versteht so ziemlich gar nichts«, denke ich. »Meine Mama ist eine Schönheit ...«

»So eine junge Frau!« hört Zinaida Pavlovna nicht auf. »Sie sollte mehr auf sich achten.«

Aber Mama möchte nicht mehr auf sich achten. Sie schwirrt tagelang durch Bibliotheken, und zu Hause, nachdem sie ein Blatt Papier auf den Tisch ausgebreitet hat, brütet sie mit Lineal und scharf gespitztem Bleistift bis spät in die Nacht hinein über schwierigen Notenbeispielen.

»Aber Geld zahlt man Ihnen für die Oratorien doch hoffentlich ein anständiges?« drängt sich Zinaida Pavlovna weiter auf.

»Wahrscheinlich nicht ... Das ist ja eine planmäßige Arbeit. Ich bekomme für sie mein Gehalt.«

»Gehalt! Zum Teufel mit einem Gehalt wie das Ihre! Für solch ein paar Kopeken könnte mich keiner zwingen, einen Finger zu krümmen und dann noch nächtelang zu sitzen!«

»Daran habe ich auch keinen Zweifel«, sagt Mama scharf, nachdem sie die Nachbarin angeschaut hat. »Aber Zinaida Pavlovna: Jedem – das seine. Und ich bin eine unqualifizierte Arbeiterin der Wissenschaft, aber ich liebe meinen Beruf, bin gewöhnt, die Dinge gewissenhaft zu erledigen. Es macht nichts, wenn der Krieg vorbei ist, werden die Menschen die Kantaten und Oratorien brauchen können. Dieses Thema hat bisher noch niemand berührt, und da gibt es so viel Interessantes!«

Gib ihn der Frau Petrova weiter

Onkel Kolja kam, um sich zu verabschieden. Morgen früh muß er – an die Front …

»Wißt ihr was«, schlägt Papa plötzlich vor. »Wir waren ziemlich lange nicht auf der Vasilij Insel. Dort ist vielleicht alles schon zugewachsen. Man müßte mal vorbeischauen.«

»Ja, ja«, willigt Mama eilig ein. »Man muß, man muß.«

Und obwohl auf der Vasilij Insel in unserer verlassenen Behausung kein trockener Zwieback zu finden sein wird und man bis dorthin zehn Kilometer zu Fuß gehen muß und die Fenster dort irgendwie mit Sperrholz zugenagelt sind, verstehe auch ich – ohne mich am Gespräch zu beteiligen: Anders geht es nicht.

Wir machen uns schnell fertig. Tante Sonja und Onkel Kolja begleiten uns schweigend, mit großen Augen zur Tür. Mama dreht sich um: »Dort in der Glaskaraffe auf dem dritten Regal, in der Ecke ist vom ersten Mai noch etwas übrig geblieben …«

Onkel Kolja zwinkert hinterlistig.

Und nach einer Woche – nicht mehr als nach nur sieben Tagen! – bringt eine junge Postbotin mittags ein weißes Schreiben.

»Wie ist dein Nachname, Mädchen?« fragt sie vorsichtig.

»Komarovskaja«

»Übergib das der Frau Petrova«, sagt die Postbotin mit sichtbarer Erleichterung und läuft, nachdem sie sich jäh umgedreht hat, die Treppe hinunter.

»Petrov Nikolaj Grigorjewitsch … ist einen Heldentod gestorben …«

»A-a-a-a! …«

Es ist nur Zinaida Pavlovna zu Hause. Tante Sonja kommt gewöhnlich erst am späten Abend.

Die Nachbarin schlägt die Hände über dem Kopf zusammen. Ihr Schmerz ist ehrlich.

»Arme, arme Sonja! Sie überlebt das nicht ...«

Ich stelle mir vor, wie Tante Sonja mit angespanntem Hals, das große Tablett mit einer dreistöckigen Tellerpyramide von der Ausgabestelle wegschleppt, wie sie, in die Tasche der Schürze, die schon viel erlebt hat, die Marken steckt – was hat sie für ein mit schwarzen Augenbrauen versehenes, düsteres, gutes Gesicht. Und wie sie den ganzen Tag, während sie zwischen den Tischen hin und her läuft, keine einzige Minute ihren Nikolaj vergißt, in Gedanken mit ihm spricht, seine Müdigkeit bedauert, ihm zulächelt ... Dem Lebendigen. Aber ihn gibt es nicht mehr! Und wird es niemals mehr geben. Und seine Stirn ist weiß, wie bei denen im Evakuierungssammelpunkt ...

Der bestürzte, traurige Papa schweigt lange, mit zusammengezogenen Brauen.

»Vielleicht soll man ihr jetzt gar nichts sagen? Er ist einfach spurlos verschwunden ...«

»Sie würde uns das nie verzeihen«, antwortet Mama weinend. »Der Mensch braucht die Wahrheit, auch wenn es die bitterste ist.«

Onkel Sascha soll Tante Sonja von allem unterrichten. Auf einem Hocker neben dem Kamin sitzend wartet er auf sie, wobei seine starken Schultern herunterhängen.

Es ist Nacht. Im Haus schläft keiner. Auf der Kante ihrer Schlafbank sitzt Tante Sonja, schaukelt vor und zurück, das Gesicht mit den Händen bedeckt. Sie weint nicht einmal, nur manchmal stößt sie einen tiefen, wilden Ton aus, durch den mich ein Schauer überläuft. Wir sind alle um sie herum, aber sie ist jetzt allein, allein mit ihrem fürchterlichen Schmerz.

»Sascha«, erhebt sich Tante Sonja plötzlich hastig, »gib mir eine zum Rauchen.«

Sich verschluckend, am Rauch fast erstickend, konnte sie in ihren Fingern kaum die mit Tabak Selbstgedrehte halten. Und gierig, hungrig macht sie Lungenzüge.

So raucht sie bis in den Morgen.

Zwischen dem grau-blauen bitteren Rauch machen sich alle auf zur Arbeit. Und Tante Sonja geht auch los in die Volksküche, eine Gealterte, die mühsam die Beine voreinander setzt.

Im Spätherbst des Jahres 1942 taucht bei uns in der Wohngemeinschaft ein stimmkräftiges, mit allen Rechten versehenes neues Mitglied auf – meine Cousine Vera. Alle Tage verbringt das winzige Wesen in der weichen Grube in der Mitte von Tante Sonjas Liegestätte, wobei es mit den nackten Füßen strampelt.

Direkt über ihr, an der Wand – eine Fotografie ihres Vaters, eine schlechte, amateurhafte. Eine andere konnte nicht ausfindig gemacht werden.

Das erste Jahr der Leningrader Blockade ging zu Ende ...

Und was geschah danach?

Wie ging das Leben danach weiter, bis die Blockade nach 900 Tagen zu Ende ging? Es gäbe noch vieles zu berichten, aber in den kurzen Kapiteln versuchte ich, gerade *diesen*, den ersten Blockadewinter 1941/42 zu beschreiben. Denn *dieser* Winter war am dramatischsten und auch am charakteristischsten für die Belagerung. Wenn wir in Rußland »Blokkade« sagen, da erscheinen in unserer Vorstellung immer die Bilder gerade *dieses* Winters. »Das Brot jenes Winters« war das schwerste und bitterste. Und gleichzeitig das süßeste! Denn es war immer begehrt und immer knapp.

Eine weitere Frage ist, warum war gerade der erste Winter so schrecklich? Eine Antwort lautet zweifellos: Die Invasion der gut ausgerüsteten deutschen Truppen kam so unerwartet und schnell, daß die Stadt vom Krieg überrascht wurde. Die Entfernungen in Europa sind so klein! Obwohl die Rote Armee verzweifelten Widerstand leistete und Freiwillige zur Verteidigung aufgestellt wurden, schloß sich bereits im Oktober 1941 der Belagerungsring um die Stadt.

Aber kurz vor den Stadttoren wurde der Angriff aufgehalten. Wir kämpften auf Leben und Tod. Die Stadt ergab sich nicht, obwohl sie vom »weiten Land« – dem ganzen großen Rußland – abgeschnitten war. Die Hilfsmöglichkeiten für Leningrad waren sehr begrenzt, vor allem während der ersten Monate. Die täglichen Bombardierungen zerstörten die Lebensmittellager und die Kommunikationswege. Die Stadt hatte weder Strom- noch Wasserversorgung, und es gab keine Heizung. Gleichzeitig setzte ungewöhnlich harter Frost bis -40° ein – die Wasser- und Abwasserleitungen barsten. Ein bekanntes Dokument dieses Winter ist das kurze Tagebuch von Tanja Savjitscheva, einer Zeitgenossin der Hauptperson meiner Geschichte, Lena Komarovskayja. In großen kindlichen Buchstaben beschrieb Tanja die schrecklichen Ereignisse. Den Tod ihrer Mutter, Großmutter, ihrer Schwester, ihres Bruders … Der letzte kurze Eintrag lautet: »Alle sind tot. Nur Tanja blieb übrig.« Heute wird dieses Tagebuch im Stadtmuseum aufbewahrt.

Es schien, als müßte nun das Leben nach dem ersten Blockadejahr zu Ende sein. Aber Leningrad lebte weiter. Lebte und kämpfte. Trotz allem arbeiteten und studierten die Menschen weiter, machten wissenschaftliche Entdeckungen, versuchten, die Kinder zu retten, schufen Poesie und Musik. Die berühmte »Siebte Sinfonie« von Schostakowitsch entstand im eingeschlossenen Leningrad und wurde dort uraufgeführt.

Viele Jahre später erzählten zwei ältere deutsche Touristen dem Leningrader Dirigenten Carl Eliasberg: »Maestro, wir hörten ihr Schostakowitsch-Konzert in den Schützengräben auf der anderen Seite – zufällig im Radio. Seien Sie versichert, daß wir etwas von Musik verstehen. Und damals sagten wir zueinander: ›Eine Stadt, in der solche Musik im Bombenhagel entstehen kann, kann nicht besiegt werden!‹ «

Und später ... Später kam der ganz normale Kriegsalltag, an den man bereits gewöhnt war. Als die berühmte »Straße des Lebens« über den Ladoga-See (im Winter über das Eis, im Sommer über das Wasser) ihren Betrieb aufnahm, verbesserte sich die Versorgungssituation der Stadt ein wenig. Aber immer noch starben Menschen am Hunger. Insgesamt kamen 600 000 Einwohner durch Hunger ums Leben. Dazu wurden die Bombardierungen und der Beschuß durch weitreichende Geschütze fortgesetzt. Der Tod lauerte auf jeden. Aber die Menschen versuchten, nicht daran zu denken. Es gab keine Furcht.

Am 1. September 1942 wurde in den noch nicht zerstörten Schulen der Unterricht wieder aufgenommen. Man kann sich vorstellen, wie Lena Komarovskaja zur Schule lief – mit einer Schleife im Haar und dem Lederranzen in der Hand. Sie ist ein bißchen gewachsen und guter Laune: Die Neuigkeiten vom Radio »Schwarzer Teller«[26] wurden von Tag zu Tag besser. Abends versammelte sich ihre ganze Familie im Hof, um Feuerholz zu sägen und zu hacken. Es war entschieden worden, alle Holzhäuser der Stadt abzubrechen, und jede Familie erhielt einige Balken, um daraus Feuerholz zu machen – teils für den eigenen, teils für den öffentlichen Bedarf. Die Erinnerung an den ersten Winter ließ die Menschen den nächsten fürchten. Aber glücklicherweise wurde dieser für sie leichter – vielleicht weil sie vorbereitet waren. Die Straßenbahnen fuhren wieder. Im November wurde die tägliche Brot-

[26] Einfacher Rundfunkempfänger, wegen seiner Form so genannt.

ration erhöht – auf 300g (im ersten Winter waren es nur 125g gewesen.)

Wie schon zuvor ist Lena oft allein zu Hause – ihre Mutter kehrt erst spät aus ihrem Institut heim, sie hat ein neues »Forschungsthema«. Der Vater ist oft mit Schauspielertruppen unterwegs, um für die Soldaten an ihren Einsatzorten zu spielen: Die Front ist sehr nah. Er erzählt, daß einmal die Tänzer, Musiker und Rezitatoren durch den Schnee zu ihrem Auftritt kriechen mußten: Die Straße wurde beschossen.

Ihre Lektionen lernt Lena nicht allzu sorgfältig, aber sie liest viel. Mit acht Jahren hatte das Mädchen innerhalb von zwei Monaten die gesamte Shakespeare-Ausgabe »verschlungen«. Die Kinder der Blockade-Zeit wurden sehr schnell erwachsen, sie sehnten sich nach Wissen und Furchtlosigkeit.

1943 gab es in vielen Leningrader Wohnungen wieder elektrisches Licht. Allerdings durfte jede Familie nur eine einzige 40 Watt Birne verwenden. Und das auch nur von 7 Uhr abends bis Mitternacht.

Die Nachrichten von der Front wurden immer hoffnungsvoller. Und endlich – der unvergeßliche Tag: Am 18. Januar 1943 wurde die Blockade durchbrochen, es war eine Bresche in den »Eisernen Ring« geschlagen worden. Die Menschen verließen ihre Häuser und umarmten sich auf den Straßen, lachten, weinten und tanzten. Am Morgen waren die Straßen mit Flaggen geschmückt. Es war nicht das Ende der Blockade, die volle Befreiung der Stadt von der Belagerung erfolgte erst ein Jahr später. Aber der Korridor zum »weiten Land« war geöffnet. Die Versorgung der Stadt besserte sich, die Brotrationen wurden nochmals erhöht.

Die Gegner, die erkannten, daß die Stadt immer noch nicht eingenommen werden konnte, verstärkten ihre Bombenangriffe und den Artilleriebeschuß. Doch die Bürger Leningrads begannen bereits damit, ihre Stadt aufzuräumen und die Ruinen zu beseitigen.

Am 27. Januar 1944 war der Tag der endgültigen Befreiung. Eine der größten Tragödien des 20. Jahrhunderts – näherte sich dem Ende. Viele Jahre sind seitdem vergangen. Das, was einmal unser Alltag war, verwandelte sich in die Blätter von Geschichtsbüchern.